贝克通识文库

李雪涛　主编

阿尔伯特·爱因斯坦

[德] 胡贝特·根纳 著

吴婷婧 译

方在庆 校

北京出版集团
北京出版社

著作权合同登记号：图字 01-2021-7324

Albert Einstein by Hubert Goenner © Verlag C.H.Beck oHG，München 2015

图书在版编目（CIP）数据

阿尔伯特·爱因斯坦 /（德）胡贝特·根纳著 ；吴
婷婧译 . -- 北京 ：北京出版社，2025.9
书名原文：Albert Einstein
ISBN 978-7-200-18273-6

Ⅰ. ①阿… Ⅱ. ①胡… ②吴… Ⅲ. ①爱因斯坦（
Einstein，Albert 1879-1955）—传记 Ⅳ.
①K837. 126. 11

中国国家版本馆 CIP 数据核字（2023）第 185737 号

总 策 划：高立志 王忠波   学术审校：方在庆
选题策划：王忠波   责任编辑：王忠波 邓雪梅
责任营销：猫 娘   责任印制：燕雨萌
装帧设计：吉 辰

阿尔伯特·爱因斯坦
A'ERBOTE·AIYINSITAN

［德］胡贝特·根纳 著
吴婷婧 译

出   版 北京出版集团
           北京出版社
地   址 北京北三环中路 6 号
邮   编 100120
网   址 www.bph.com.cn
发   行 北京伦洋图书出版有限公司
印   刷 北京华联印刷有限公司
经   销 新华书店
开   本 880 毫米 ×1230 毫米 1/32
印   张 7.125
字   数 137 千字
版   次 2025 年 9 月第 1 版
印   次 2025 年 9 月第 1 次印刷
书   号 ISBN 978-7-200-18273-6
定   价 49.00 元

如有印装质量问题，由本社负责调换
质量监督电话 010-58572393

接续启蒙运动的知识传统

——"贝克通识文库"中文版序

一

我们今天与知识的关系，实际上深植于17—18世纪的启蒙时代。伊曼努尔·康德（Immanuel Kant，1724—1804）于1784年为普通读者写过一篇著名的文章《对这个问题的答复：什么是启蒙?》(*Beantwortung der Frage: Was ist Aufklärung?*)，解释了他之所以赋予这个时代以"启蒙"(Aufklärung)的含义：启蒙运动就是人类走出他的未成年状态。不是因为缺乏智力，而是缺乏离开别人的引导去使用智力的决心和勇气! 他借用了古典拉丁文学黄金时代的诗人贺拉斯(Horatius，前65—前8)的一句话：Sapere aude! 呼吁人们要敢于去认识，要有勇气运用自己的智力。[1]启蒙运动者相信由理性发展而来的知识可

---

1 Cf. Immanuel Kant, *Beantwortung der Frage: Was ist Aufklärung?* In: *Berlinische Monatsschrift*, Bd. 4, 1784, Zwölftes Stück, S. 481–494. Hier S. 481. 中文译文另有：(1)"答复这个问题：'什么是启蒙运动?'"见康德著，何兆武译：《历史理性批判文集》，商务印书馆1990年版(2020年第11次印刷本，上面有2004年写的"再版译序")，第23—32页。(2)"回答这个问题：什么是启蒙?"见康德著，李秋零主编：《康德著作全集》(第8卷·1781年之后的论文)，中国人民大学出版社2013年版，第39—46页。

以解决人类存在的基本问题，人类历史从此开启了在知识上的启蒙，并进入了现代的发展历程。

启蒙思想家们认为，从理性发展而来的科学和艺术的知识，可以改进人类的生活。文艺复兴以来的人文主义、新教改革、新的宇宙观以及科学的方法，也使得17世纪的思想家相信建立在理性基础之上的普遍原则，从而产生了包含自由与平等概念的世界观。以理性、推理和实验为主的方法不仅在科学和数学领域取得了令人瞩目的成就，也催生了在宇宙论、哲学和神学上运用各种逻辑归纳法和演绎法产生出的新理论。约翰·洛克（John Locke，1632—1704）奠定了现代科学认识论的基础，认为经验以及对经验的反省乃是知识进步的来源；伏尔泰（Voltaire，1694—1778）发展了自然神论，主张宗教宽容，提倡尊重人权；康德则在笛卡尔理性主义和培根的经验主义基础之上，将理性哲学区分为纯粹理性与实践理性。至18世纪后期，以德尼·狄德罗（Denis Diderot，1713—1784）、让-雅克·卢梭（Jean-Jacques Rousseau，1712—1778）等人为代表的百科全书派的哲学家，开始致力于编纂《百科全书》(*Encyclopédie*) ——人类历史上第一部致力于科学、艺术的现代意义上的综合性百科全书，其条目并非只是"客观"地介绍各种知识，而是在介绍知识的同时，夹叙夹议，议论时政，这些特征正体现了启蒙时代的现代性思维。第一卷开始时有一幅人类知识领域的示意图，这也是第一次从现代科学意义上对所有人类知识进行分类。

　　实际上，今天的知识体系在很大程度上可以追溯到启蒙时代以实证的方式对以往理性知识的系统性整理，而其中最重要的突破包括：卡尔·冯·林奈（Carl von Linné，1707—1778）的动植物分类及命名系统、安托万·洛朗·拉瓦锡（Antoine-Laurent Lavoisicr，1743—1794）的化学系统以及测量系统。[1]这些现代科学的分类方法、新发现以及度量方式对其他领域也产生了决定性的影响，并发展出一直延续到今天的各种现代方法，同时为后来的民主化和工业化打下了基础。启蒙运动在18世纪影响了哲学和社会生活的各个知识领域，在哲学、科学、政治、以现代印刷术为主的传媒、医学、伦理学、政治经济学、历史学等领域都有新的突破。如果我们看一下19世纪人类在各个方面的发展的话，知识分类、工业化、科技、医学等，也都与启蒙时代的知识建构相关。[2]

　　由于启蒙思想家们的理想是建立一个以理性为基础的社会，提出以政治自由对抗专制暴君，以信仰自由对抗宗教压迫，以天赋人权来反对君权神授，以法律面前人人平等来反对贵族的等级特权，因此他们采用各民族国家的口语而非书面的拉丁语进行沟通，形成了以现代欧洲语言为主的知识圈，并创

1　Daniel R. Headrick, *When Information Came of Age: Technologies of Knowledge in the Age of Reason and Revolution, 1700-1850.* Oxford University Press, 2000, p. 246.

2　Cf. Jürgen Osterhammel, *Die Verwandlung der Welt: Eine Geschichte des 19. Jahrhunderts.* München: Beck, 2009.

造了一个空前的多语欧洲印刷市场。[1]后来《百科全书》开始发行更便宜的版本，除了知识精英之外，普通人也能够获得。历史学家估计，在法国大革命前，就有两万多册《百科全书》在法国及欧洲其他地区流传，它们成为向大众群体进行启蒙及科学教育的媒介。[2]

从知识论上来讲，17世纪以来科学革命的结果使得新的知识体系逐渐取代了传统的亚里士多德的自然哲学以及克劳迪亚斯·盖仑（Claudius Galen，约129—200）的体液学说（Humorism），之前具有相当权威的炼金术和占星术自此失去了权威。到了18世纪，医学已经发展为相对独立的学科，并且逐渐脱离了与基督教的联系："在（当时的）三位外科医生中，就有两位是无神论者。"[3]在地图学方面，库克（James Cook，1728—1779）船长带领船员成为首批登陆澳大利亚东岸和夏威夷群岛的欧洲人，并绘制了有精确经纬度的地图，他以艾萨克·牛顿（Isaac Newton，1643—1727）的宇宙观改变了地理制图工艺及方法，使人们开始以科学而非神话来看待地理。这一时代除了用各式数学投影方法制作的精确地图外，制

---

1 Cf. Jonathan I. Israel, *Radical Enlightenment: Philosophy and the Making of Modernity 1650-1750.* Oxford University Press, 2001, p. 832.

2 Cf. Robert Darnton, *The Business of Enlightenment: A Publishing History of the Encyclopédie, 1775-1800.* Harvard University Press, 1979, p. 6.

3 Ole Peter Grell, Dr. Andrew Cunningham, *Medicine and Religion in Enlightenment Europe.* Ashgate Publishing, Ltd. , 2007, p. 111.

图学也被应用到了天文学方面。

正是借助于包括《百科全书》、公共图书馆、期刊等传播媒介，启蒙知识得到了迅速的传播，同时也塑造了现代学术的形态以及机构的建制。有意思的是，自启蒙时代出现的现代知识从开始阶段就是以多语的形态展现的：以法语为主，包括了荷兰语、英语、德语、意大利语等，它们共同构成了一个跨越国界的知识社群——文人共和国（Respublica Literaria）。

当代人对于知识的认识依然受启蒙运动的很大影响，例如多语种读者可以参与互动的维基百科（Wikipedia）就是从启蒙的理念而来："我们今天所知的《百科全书》受到18世纪欧洲启蒙运动的强烈影响。维基百科拥有这些根源，其中包括了解和记录世界所有领域的理性动力。"[1]

二

1582年耶稣会传教士利玛窦（Matteo Ricci，1552—1610）来华，标志着明末清初中国第一次规模性地译介西方信仰和科学知识的开始。利玛窦及其修会的其他传教士入华之际，正值欧洲文艺复兴如火如荼进行之时，尽管囿于当时天主教会的意

---

1 Cf. Phoebe Ayers, Charles Matthews, Ben Yates, *How Wikipedia Works: And How You Can Be a Part of It.* No Starch Press, 2008, p. 35.

识形态，但他们所处的时代与中世纪迥然不同。除了神学知识外，他们译介了天文历算、舆地、水利、火器等原理。利玛窦与徐光启（1562—1633）共同翻译的《几何原本》前六卷有关平面几何的内容，使用的底本是利玛窦在罗马的德国老师克劳（Christopher Klau/Clavius，1538—1612，由于他的德文名字Klau是钉子的意思，故利玛窦称他为"丁先生"）编纂的十五卷本。[1]克劳是活跃于16—17世纪的天主教耶稣会士，其在数学、天文学等领域建树非凡，并影响了包括伽利略、笛卡尔、莱布尼茨等科学家。曾经跟随伽利略学习过物理学的耶稣会士邓玉函 [Johann(es) Schreck/Terrenz or Terrentius，1576—1630] 在赴中国之前，与当时在欧洲停留的金尼阁（Nicolas Trigault，1577—1628）一道，"收集到不下七百五十七本有关神学的和科学技术的著作；罗马教皇自己也为今天在北京还很著名、当年是耶稣会士图书馆的'北堂'捐助了大部分的书籍"。[2]其后邓玉函在给伽利略的通信中还不断向其讨教精确计算日食和月食的方法，此外还与中国学者王徵（1571—1644）合作翻译《奇器图说》（1627），并且在医学方面也取得了相当大的成就。邓玉函曾提出过一项规模很大的有关数学、几何

1 *Euclides Elementorum Libri XV,* Rom 1574.

2 蔡特尔著，孙静远译：《邓玉函，一位德国科学家、传教士》，载《国际汉学》，2012年第1期，第38—87页，此处见第50页。

学、水力学、音乐、光学和天文学（1629）的技术翻译计划，[1]
由于他的早逝，这一宏大的计划没能得以实现。

在明末清初的一百四十年间，来华的天主教传教士有五百
人左右，他们当中有数学家、天文学家、地理学家、内外科医
生、音乐家、画家、钟表机械专家、珐琅专家、建筑专家。这
一时段由他们译成中文的书籍多达四百余种，涉及的学科有宗
教、哲学、心理学、论理学、政治、军事、法律、教育、历
史、地理、数学、天文学、测量学、力学、光学、生物学、医
学、药学、农学、工艺技术等。[2]这一阶段由耶稣会士主导的
有关信仰和科学知识的译介活动，主要涉及中世纪至文艺复兴
时期的知识，也包括文艺复兴以后重视经验科学的一些近代科
学和技术。

尽管耶稣会的传教士们在17—18世纪的时候已经向中国
的知识精英介绍了欧几里得几何学和牛顿物理学的一些基本知
识，但直到19世纪50—60年代，才在伦敦会传教士伟烈亚力
（Alexander Wylie，1815—1887）和中国数学家李善兰（1811—
1882）的共同努力下补译完成了《几何原本》的后九卷；同样
是李善兰、傅兰雅（John Fryer，1839—1928）和伟烈亚力将牛

---

1 蔡特尔著，孙静远译：《邓玉函，一位德国科学家、传教士》，载《国际汉学》，
  2012年第1期，第58页。
2 张晓著：《近代汉译西学书目提要：明末至1919》，北京大学出版社2012年版，
  "导论"第6、7页。

顿的《自然哲学的数学原理》(*Philosophiae Naturalis Principia Mathematica*，1687）第一编共十四章译成了汉语——《奈端数理》(1858—1860)。[1]正是在这一时期，新教传教士与中国学者密切合作开展了大规模的翻译项目，将西方大量的教科书——启蒙运动以后重新系统化、通俗化的知识——翻译成了中文。

　　1862年清政府采纳了时任总理衙门首席大臣奕䜣（1833—1898）的建议，创办了京师同文馆，这是中国近代第一所外语学校。开馆时只有英文馆，后增设了法文、俄文、德文、东文诸馆，其他课程还包括化学、物理、万国公法、医学生理等。1866年，又增设了天文、算学课程。后来清政府又仿照同文馆之例，在与外国人交往较多的上海设立上海广方言馆，广州设立广州同文馆。曾大力倡导"中学为体，西学为用"的洋务派主要代表人物张之洞（1837—1909）认为，作为"用"的西学有西政、西艺和西史三个方面，其中西艺包括算、绘、矿、医、声、光、化、电等自然科学技术。

　　根据《近代汉译西学书目提要：明末至1919》的统计，从明末到1919年的总书目为五千一百七十九种，如果将四百余种明末到清初的译书排除，那么晚清至1919年之前就有四千七百多种汉译西学著作出版。梁启超（1873—1929）在

1　1882年，李善兰将译稿交由华蘅芳校订至1897年，译稿后遗失。万兆元、何琼辉：《牛顿〈原理〉在中国的译介与传播》，载《中国科技史杂志》第40卷，2019年第1期，第51—65页，此处见第54页。

1896年刊印的三卷本《西学书目表》中指出："国家欲自强，以多译西书为本；学者欲自立，以多读西书为功。"[1]书中收录鸦片战争后至1896年间的译著三百四十一种，梁启超希望通过《读西学书法》向读者展示西方近代以来的知识体系。

　　不论是在精神上，还是在知识上，中国近代都没有继承好启蒙时代的遗产。启蒙运动提出要高举理性的旗帜，认为世间的一切都必须在理性法庭面前接受审判，不仅倡导个人要独立思考，也主张社会应当以理性作为判断是非的标准。它涉及宗教信仰、自然科学理论、社会制度、国家体制、道德体系、文化思想、文学艺术作品理论与思想倾向等。从知识论上来讲，从1860年至1919年五四运动爆发，受西方启蒙的各种自然科学知识被系统地介绍到了中国。大致说来，这些是14—18世纪科学革命和启蒙运动时期的社会科学和自然科学的知识。在社会科学方面包括了政治学、语言学、经济学、心理学、社会学、人类学等学科，而在自然科学方面则包含了物理学、化学、地质学、天文学、生物学、医学、遗传学、生态学等学科。按照胡适（1891—1962）的观点，新文化运动和五四运动应当分别来看待：前者重点在白话文、文学革命、西化与反传统，是一场类似文艺复兴的思想与文化的革命，而后者主要是

1　梁启超：《西学书目表·序例》，收入《饮冰室合集》，中华书局1989年版，第123页。

一场政治革命。根据王锦民的观点，"新文化运动很有文艺复兴那种热情的、进步的色彩；而接下来的启蒙思想的冷静、理性和批判精神，新文化运动中也有，但是发育得不充分，且几乎被前者遮蔽了"。[1]五四运动以来，中国接受了尼采等人的学说。"在某种意义上说，近代欧洲启蒙运动的思想成果，理性、自由、平等、人权、民主和法制，正是后来的'新'思潮力图摧毁的对象"。[2]近代以来，中华民族的确常常遭遇生死存亡的危局，启蒙自然会受到充满革命热情的救亡的排挤，而需要以冷静的理性态度来对待的普遍知识，以及个人的独立人格和自由不再有人予以关注。因此，近代以来我们并没有接受一个正常的、完整的启蒙思想，我们一直以来所拥有的仅仅是一个"半启蒙状态"。今天我们重又生活在一个思想转型和社会巨变的历史时期，迫切需要全面地引进和接受一百多年来的现代知识，并在思想观念上予以重新认识。

1919年新文化运动的时候，我们还区分不了文艺复兴和启蒙时代的思想，但日本的情况则完全不同。日本近代以来对"南蛮文化"的摄取，基本上是欧洲中世纪至文艺复兴时期的"西学"，而从明治维新以来对欧美文化的摄取，则是启蒙

---

1 王锦民：《新文化运动百年随想录》，见李雪涛等编《合璧西中——庆祝顾彬教授七十寿辰文集》，外语教学与研究出版社2016年版，第282—295页，此处见第291页。

2 同上。

时代以来的西方思想。特别是在第二个阶段，他们做得非常
彻底。[1]

三

　　罗素在《西方哲学史》的"绪论"中写道："一切确切的
知识——我是这样主张的——都属于科学，一切涉及超乎确切
知识之外的教条都属于神学。但是介乎神学与科学之间还有一
片受到双方攻击的无人之域；这片无人之域就是哲学。"[2]康德
认为，"只有那些其确定性是无可置疑的科学才能成为本真意
义上的科学；那些包含经验确定性的认识（Erkenntnis），只
是非本真意义上所谓的知识（Wissen），因此，系统化的知识
作为一个整体可以称为科学（Wissenschaft），如果这个系统
中的知识存在因果关系，甚至可以称之为理性科学（Rationale
Wissenschaft）"。[3]在德文中，科学是一种系统性的知识体系，
是对严格的确定性知识的追求，是通过批判、质疑乃至论证而
对知识的内在固有理路即理性世界的探索过程。科学方法有别

1　家永三郎著，靳丛林等译：《外来文化摄取史论》，大象出版社2017年版。

2　罗素著，何兆武、李约瑟译：《西方哲学史》（上卷），商务印书馆1963年版，第
　　11页。

3　Immanuel Kant, *Metaphysische Anfangsgründe der Naturwissenschaft*. Riga: bey
　　Johann Friedrich Hartknoch, 1786. S. V-VI.

于较为空泛的哲学，它既要有客观性，也要有完整的资料文件以供佐证，同时还要由第三者小心检视，并且确认该方法能重制。因此，按照罗素的说法，人类知识的整体应当包括科学、神学和哲学。

在欧洲，"现代知识社会"（Moderne Wissensgesellschaft）的形成大概从近代早期一直持续到了1820年。[1]之后便是知识的传播、制度化以及普及的过程。与此同时，学习和传播知识的现代制度也建立起来了，主要包括研究型大学、实验室和人文学科的研讨班（Seminar）。新的学科名称如生物学（Biologie）、物理学（Physik）也是在1800年才开始使用；1834年创造的词汇"科学家"（Scientist）使之成为一个自主的类型，而"学者"（Gelehrte）和"知识分子"（Intellekturlle）也是19世纪新创的词汇。[2]现代知识以及自然科学与技术在形成的过程中，不断通过译介的方式流向欧洲以外的世界，在诸多非欧洲的区域为知识精英所认可、接受。今天，历史学家希望运用全球史的方法，祛除欧洲中心主义的知识史，从而建立全球知识史。

本学期我跟我的博士生们一起阅读费尔南·布罗代尔

1 Cf. Richard van Dülmen, Sina Rauschenbach (Hg.), *Macht des Wissens: Die Entstehung der Modernen Wissensgesellschaft.* Köln: Böhlau Verlag, 2004.

2 Cf. Jürgen Osterhammel, *Die Verwandlung der Welt: Eine Geschichte des 19. Jahrhunderts.* München: Beck, 2009. S. 1106.

(Fernand Braudel, 1902—1985) 的《地中海与菲利普二世时代的地中海世界》(*La Méditerranée et le Monde méditerranéen à l'époque de Philippe II*, 1949) 一书。[1] 在"边界：更大范围的地中海"一章中，布罗代尔并不认同一般地理学家以油橄榄树和棕榈树作为地中海的边界的看法，他指出地中海的历史就像是一个磁场，吸引着南部的北非撒哈拉沙漠、北部的欧洲以及西部的大西洋。在布罗代尔看来，距离不再是一种障碍，边界也成为相互连接的媒介。[2]

　　发源于欧洲文艺复兴时代末期，并一直持续到18世纪末的科学革命，直接促成了启蒙运动的出现，影响了欧洲乃至全世界。但科学革命通过学科分类也影响了人们对世界的整体认识，人类知识原本是一个复杂系统。按照法国哲学家埃德加·莫兰 (Edgar Morin, 1921—　) 的看法，我们的知识是分离的、被肢解的、箱格化的，而全球纪元要求我们把任何事情都定位于全球的背景和复杂性之中。莫兰引用布莱兹·帕斯卡 (Blaise Pascal, 1623—1662) 的观点："任何事物都既是结果又是原因，既受到作用又施加作用，既是通过中介而存在又是直接存在的。所有事物，包括相距最遥远的和最不相同的事物，都被一种自然的和难以觉察的联系维系着。我认为不认识

---

1 布罗代尔著，唐家龙、曾培耿、吴模信等译：《地中海与菲利普二世时代的地中海世界》(全二卷)，商务印书馆2013年版。

2 同上书，第245—342页。

整体就不可能认识部分，同样地，不特别地认识各个部分也不可能认识整体。"[1]莫兰认为，一种恰切的认识应当重视复杂性（complexus）——意味着交织在一起的东西：复杂的统一体如同人类和社会都是多维度的，因此人类同时是生物的、心理的、社会的、感情的、理性的；社会包含着历史的、经济的、社会的、宗教的等方面。他举例说明，经济学领域是在数学上最先进的社会科学，但从社会和人类的角度来说它有时是最落后的科学，因为它抽去了与经济活动密不可分的社会、历史、政治、心理、生态的条件。[2]

四

　　贝克出版社（C. H. Beck Verlag）至今依然是一家家族产业。1763年9月9日卡尔·戈特洛布·贝克（Carl Gottlob Beck，1733—1802）在距离慕尼黑100多公里的讷德林根（Nördlingen）创立了一家出版社，并以他儿子卡尔·海因里希·贝克（Carl Heinrich Beck，1767—1834）的名字来命名。在启蒙运动的影响下，戈特洛布出版了讷德林根的第一份报纸与关于医学和自然史、经济学和教育学以及宗教教育

---

1 转引自莫兰著，陈一壮译：《复杂性理论与教育问题》，北京大学出版社2004年版，第26页。

2 同上书，第30页。

的文献汇编。在第三代家族成员奥斯卡·贝克（Oscar Beck，1850—1924）的带领下，出版社于1889年迁往慕尼黑施瓦宾（München-Schwabing），成功地实现了扩张，其总部至今仍设在那里。在19世纪，贝克出版社出版了大量的神学文献，但后来逐渐将自己的出版范围限定在古典学研究、义学、历史和法律等学术领域。此外，出版社一直有一个文学计划。在第一次世界大战期间的1917年，贝克出版社独具慧眼地出版了瓦尔特·弗莱克斯（Walter Flex，1887—1917）的小说《两个世界之间的漫游者》（*Der Wanderer zwischen beiden Welten*），这是魏玛共和国时期的一本畅销书，总印数达一百万册之多，也是20世纪最畅销的德语作品之一。[1]目前出版社依然由贝克家族的第六代和第七代成员掌管。2013年，贝克出版社庆祝了其

---

1 第二次世界大战后，德国汉学家福兰阁（Otto Franke，1863—1946）出版《两个世界的回忆——个人生命的旁白》（*Erinnerungen aus zwei Welten: Randglossen zur eigenen Lebensgeschichte.* Berlin: De Gruyter, 1954.）。作者在1945年的前言中解释了他所认为的"两个世界"有三层含义：第一，作为空间上的西方和东方的世界；第二，作为时间上的19世纪末和20世纪初的德意志工业化和世界政策的开端，与20世纪的世界；第三，作为精神上的福兰阁在外交实践活动和学术生涯的世界。这本书的书名显然受到《两个世界之间的漫游者》的启发。弗莱克斯的这部书是献给1915年阵亡的好友恩斯特·沃切（Ernst Wurche）的：他是"我们德意志战争志愿军和前线军官的理想，也是同样接近两个世界：大地和天空、生命和死亡的新人和人类向导"。（Wolfgang von Einsiedel, Gert Woerner, *Kindlers Literatur Lexikon,* Band 7, Kindler Verlag, München 1972.）见福兰阁的回忆录中文译本，福兰阁著，欧阳甦译：《两个世界的回忆——个人生命的旁白》，社会科学文献出版社2014年版。

成立二百五十周年。

1995年开始，出版社开始策划出版"贝克通识文库"（C.H.Beck Wissen），这是"贝克丛书系列"（Beck'schen Reihe）中的一个子系列，旨在为人文和自然科学最重要领域提供可靠的知识和信息。由于每一本书的篇幅不大——大部分都在一百二十页左右，内容上要做到言简意赅，这对作者提出了更高的要求。"贝克通识文库"的作者大都是其所在领域的专家，而又是真正能做到"深入浅出"的学者。"贝克通识文库"的主题包括传记、历史、文学与语言、医学与心理学、音乐、自然与技术、哲学、宗教与艺术。到目前为止，"贝克通识文库"已经出版了五百多种书籍，总发行量超过了五百万册。其中有些书已经是第8版或第9版了。新版本大都经过了重新修订或扩充。这些百余页的小册子，成为大学，乃至中学重要的参考书。由于这套丛书的编纂开始于20世纪90年代中叶，因此更符合我们现今的时代。跟其他具有一两百年历史的"文库"相比，"贝克通识文库"从整体知识史研究范式到各学科，都经历了巨大变化。我们首次引进的三十多种图书，以科普、科学史、文化史、学术史为主。以往文库中专注于历史人物的政治史、军事史研究，已不多见。取而代之的是各种普通的知识，即便是精英，也用新史料更多地探讨了这些"巨人"与时代的关系，并将之放到了新的脉络中来理解。

我想大多数曾留学德国的中国人，都曾购买过罗沃尔特出版社出版的"传记丛书"（Rowohlts Monographien），以及"贝克通识文库"系列的丛书。去年年初我搬办公室的时候，还整理出十几本这一系列的丛书，上面还留有我当年做过的笔记。

五

作为启蒙时代思想的代表之作，《百科全书》编纂者最初的计划是翻译1728年英国出版的《钱伯斯百科全书》（*Cyclopaedia: or, An Universal Dictionary of Arts and Sciences*），但以狄德罗为主编的启蒙思想家们以"改变人们思维方式"为目标，[1]更多地强调理性在人类知识方面的重要性，因此更多地主张由百科全书派的思想家自己来撰写条目。

今天我们可以通过"绘制"（mapping）的方式，考察自19世纪60年代以来学科知识从欧洲被移接到中国的记录和流传的方法，包括学科史、印刷史、技术史、知识的循环与传播、迁移的模式与转向。[2]

徐光启在1631年上呈的《历书总目表》中提出："欲求超

---

1 Lynn Hunt, Christopher R. Martin, Barbara H. Rosenwein, R. Po-chia Hsia, Bonnie G. Smith, *The Making of the West: Peoples and Cultures, A Concise History,* Volume II: Since 1340. Bedford/St. Martin's, 2006, p. 611.

2 Cf. Lieven D'hulst, Yves Gambier (eds.), *A History of Modern Translation Knowledge: Source, Concepts, Effects.* Amsterdam: John Benjamins, 2018.

胜，必须会通，会通之前，先须翻译。"[1]翻译是基础，是与其他民族交流的重要工具。"会通"的目的，就是让中西学术成果之间相互交流，融合与并蓄，共同融汇成一种人类知识。也正是在这个意义上，才能提到"超胜"：超越中西方的前人和学说。徐光启认为，要继承传统，又要"不安旧学"；翻译西法，但又"志求改正"。[2]

近代以来中国对西方知识的译介，实际上是在西方近代学科分类之上，依照一个复杂的逻辑系统对这些知识的重新界定和组合。在过去的百余年中，席卷全球的科学技术革命无疑让我们对于现代知识在社会、政治以及文化上的作用产生了认知上的转变。但启蒙运动以后从西方发展出来的现代性的观念，也导致欧洲以外的知识史建立在了现代与传统、外来与本土知识的对立之上。与其投入大量的热情和精力去研究这些"二元对立"的问题，我以为更迫切的是研究者要超越对于知识本身的研究，去甄别不同的政治、社会以及文化要素究竟是如何参与知识的产生以及传播的。

此外，我们要抛弃以往西方知识对非西方的静态、单一方向的影响研究。其实无论是东西方国家之间，抑或是东亚国家之间，知识的迁移都不是某一个国家施加影响而另一个国家则完全

---

[1] 见徐光启、李天经等撰，李亮校注：《治历缘起》（下），湖南科学技术出版社2017年版，第845页。

[2] 同上。

被动接受的过程。第二次世界大战以后对于殖民地及帝国环境下的历史研究认为，知识会不断被调和，在社会层面上被重新定义、接受，有的时候甚至会遭到排斥。由于对知识的接受和排斥深深根植于接收者的社会和文化背景之中，因此我们今天需要采取更好的方式去重新理解和建构知识形成的模式，也就是将研究重点从作为对象的知识本身转到知识传播者身上。近代以来，传教士、外交官、留学生、科学家等都曾为知识的转变和迁移做出过贡献。无论是某一国内还是国家间，无论是纯粹的个人，还是由一些参与者、机构和知识源构成的网络，知识迁移必然要借助于由传播者所形成的媒介来展开。通过这套新时代的"贝克通识文库"，我希望我们能够超越单纯地去定义什么是知识，而去尝试更好地理解知识的动态形成模式以及知识的传播方式。同时，我们也希望能为一个去欧洲中心主义的知识史做出贡献。对于今天的我们来讲，更应当从中西古今的思想观念互动的角度来重新审视一百多年来我们所引进的西方知识。

知识唯有进入教育体系之中才能持续发挥作用。尽管早在1602年利玛窦的《坤舆万国全图》就已经由太仆寺少卿李之藻（1565—1630）绘制完成，但在利玛窦世界地图刊印三百多年后的1886年，尚有中国知识分子问及"亚细亚""欧罗巴"二名，谁始译之。[1]而梁启超1890年到北京参加会考，回粤途经

---

1 洪业：《考利玛窦的世界地图》，载《洪业论学集》，中华书局1981年版，第150—192页，此处见第191页。

上海，买到徐继畬（1795—1873）的《瀛环志略》（1848）方知世界有五大洲！

　　近代以来的西方知识通过译介对中国产生了巨大的影响，中国因此发生了翻天覆地的变化。一百多年后的今天，我们组织引进、翻译这套"贝克通识文库"，是在"病灶心态""救亡心态"之后，做出的理性选择，中华民族蕴含生生不息的活力，其原因就在于不断从世界文明中汲取养分。尽管这套丛书的内容对于中国读者来讲并不一定是新的知识，但每一位作者对待知识、科学的态度，依然值得我们认真对待。早在一百年前，梁启超就曾指出："……相对地尊重科学的人，还是十个有九个不了解科学的性质。他们只知道科学研究所产生的结果的价值，而不知道科学本身的价值，他们只有数学、几何学、物理学、化学等概念，而没有科学的概念。"[1]这套读物的定位是具有中等文化程度及以上的读者，我们认为只有启蒙以来的知识，才能真正使大众的思想从一种蒙昧、狂热以及其他荒谬的精神枷锁之中解放出来。因为我们相信，通过阅读而获得独立思考的能力，正是启蒙思想家们所要求的，也是我们这个时代必不可少的。

李雪涛

2022 年 4 月于北京外国语大学历史学院

---

[1] 梁启超：《科学精神与东西文化》（8 月 20 日在南通为科学社年会讲演），载《科学》第 7 卷，1922 年第 9 期，第 859—870 页，此处见第 861 页。

一部拒绝神化的科学传记

方在庆

引言：打破神话，回归真实

如果说20世纪诞生了无数科学巨人，那么爱因斯坦无疑是其中最耀眼的一个。他不仅以一系列理论震撼了物理学的基础，而且也成为世人心中智慧、道德与自由的象征。可是，我们对他的了解究竟有多少是真实的？他真的凭空创造了相对论？他是否从未在科学上犯过重大错误？他的政治理念又是否始终如一，超越了时代的局限？种种神话遮蔽了这位思想者本来的面貌。

在浩繁的爱因斯坦传记作品中，胡贝特·根纳（Hubert Goenner, 1936—　）所著的《阿尔伯特·爱因斯坦》独树一帜。作为一位兼具理论物理与科学史研究背景的学者，根纳以严谨的历史考据、丰富的原始档案材料和深邃的理论分析，试图打破一切肤浅的浪漫叙事。他以冷静却饱含尊重的笔触，重新勾勒出一个既伟大又真实、既光辉又矛盾的爱因斯坦形象。

本书围绕四个核心主题展开：

1. 解构孤岛天才神话；

2. 打破完美圣人神话；

3. 重构科学发现的叙事；

4. 教育与反叛：一个思想者的成长环境。

通过这一结构，根纳不仅重塑了爱因斯坦，也为我们提供了一种理解科学与知识进步本质的新视角。在此，我们依次追随他的路径，进入这场祛魅又重建的历史旅程。

作者与研究背景简介

本书作者胡贝特·根纳是德国杰出的物理学家、科学史家和科学作家（science writer）。他长期在哥廷根大学担任理论物理学教授，退休后转向科学史领域，专注于20世纪物理学的发展研究，尤其是爱因斯坦及相对论的历史与哲学背景。

根纳以其跨越物理学与科学史的双重背景，拥有解释爱因斯坦复杂理论体系与揭示其历史脉络所必需的专业素养。他不仅系统研究了相对论、引力理论和宇宙学，还撰写了多部学术著作，如《爱因斯坦在柏林》《宇宙学导论》《马赫原理和引力理论》《狭义和广义相对论导论》《爱因斯坦的相对论：空间、时间、质量、引力》和《狭义相对论和经典场论》等，堪称爱因斯坦研究领域的重要学者。

与部分非物理学出身的传记作家不同，根纳在理解爱因斯坦科学成就方面有着扎实深入的专业基础。他敏锐地意识到，那些非黑即白、简化的公众形象无法准确反映爱因斯坦丰富而复杂的人格。为了撰写一部既不过度神化也不过度贬低的"中庸之道"的爱因斯坦研究著作，根纳早在2004年秋天便在柏林的马克斯·普朗克科学史研究所进行了深入的专题研究，以加深对爱因斯坦政治立场及其社会文化环境的理解。

笔者亦在此期间有幸与根纳结识。根纳出生于一个书香世家，青少年时期便从父亲的藏书中接触到中国古典诗歌，尤其钟爱李白（他更偏好使用"李太白"的称呼）的诗篇。在与他的多次交谈中，我深切感受到他广博的知识领域与敏锐的思想洞察，受益匪浅。他不仅以科学家的理性审视爱因斯坦的科学贡献，更以历史研究者的激情追寻事实真相，试图打破流行文化中爱因斯坦的"陈旧形象"。

因此，本书远非一般意义上的简明传记。它承担着一项非同寻常的重任：一方面提出许多新颖观点和此前只有专业人士熟知的重要细节，使爱因斯坦研究领域的专家也能从中获得启发；另一方面，重塑爱因斯坦的整体形象，深入探讨其获得世界性声誉的真正缘由，并批判性地分析他的形象被商业化的历史进程。

通过科学、历史与文化的多重维度，根纳让我们得以接近一个更为真实而立体的爱因斯坦。

一、解构孤岛天才神话

1. 前人的基石：集体智慧的积累

长期以来，公众普遍相信爱因斯坦在1905年孤身一人，于伯尔尼专利局中思考而诞生了狭义相对论。然而，根纳细致梳理了洛伦兹（Hendrik A. Lorentz, 1853—1928）与庞加莱（Henri Poincaré, 1854—1912）等人的研究成果，揭示了一个被忽视的事实：相对论的核心数学框架和物理直觉，在爱因斯坦之前已初具雏形。

洛伦兹早在1902年提出了著名的洛伦兹变换（Lorentz transformation），用于描述高速运动下物体的电动力学行为，尽管他始终未能将其提升为物理时空结构的特性。庞加莱在1904年不仅明确提出了相对性原理，还接近推导出质能关系，尽管依然固守以太理论。根纳通过系统比对原始论文，指出：相对论并非凭空诞生，而是建立在前人集体智慧累积之上的历史必然。

这一论述挑战了传统天才叙事——科学革命从来不是孤立创造，而是知识体系在临界点上的跃迁。

2. 爱因斯坦的飞跃：创造性整合与范式重构

那么，爱因斯坦的独创性何在？根纳指出，他的真正突破体现在三大方面：

首先，他以惊人的直觉彻底摒弃了以太假设，将光速不变性上升为基础物理原理，从而解放了物理学对绝对参照系的依赖。这一抉择，标志着从经典物理学向现代物理学的范式转变。

其次，他赋了洛伦兹变换全新的物理意义。爱因斯坦在1905年的论文中提出了"同时性的相对性"，首次明确指出时间和空间不是绝对的，而是依赖于观察者的运动状态。这一思想远远超越了当时的数学技巧，直击物理世界的本质。

最后，他以逻辑自洽的方式整合了洛伦兹、庞加莱、马赫等人的思想资源，推导出诸如质能等价（$E=mc^2$）等可实验验证的预言，从而确立了相对论的科学地位。

根纳强调，爱因斯坦的革命在于整合性创造，而非孤立发明。

3. 学术共同体的隐形网络

爱因斯坦的成功也深深植根于当时的学术交流网络。根纳挖掘了大量通信记录、读书笔记及专利局工作档案，揭示了"奥林匹亚科学院"——由爱因斯坦与哈比希特、索洛文等人组成的非正式讨论小组——在其思想形成中的重要作用。

此外，专利局的审查工作要求爱因斯坦频繁评估涉及电磁理论的技术方案，这种实践经验锤炼了他对麦克斯韦方程组的深刻理解，也为他挑战传统物理学提供了现实基础。

通过这种还原，根纳打破了爱因斯坦的孤岛天才神话，让我们看到：伟大科学成就的背后，永远存在着密集而复杂的社会网络。

二、打破完美圣人神话

1. 科学探索中的失误与修正

在许多传记中，爱因斯坦常被描绘为科学探索中的无误引路人。但根纳用扎实的档案材料还原了一个充满试错与修正的探索者形象。

爱因斯坦1905年完成的博士论文《分子大小的新测定法》，虽然对后来的统计物理和分子理论产生深远影响，但根纳指出，原文中存在30余处计算错误与理想化假设。例如，将糖分子近似为刚性球体，忽略了复杂溶剂效应。这些错误在法国物理学家佩兰（Jean Perrin, 1870—1942）后续的实验验证中被部分修正，但论文本身的理论直觉却得以保全。

广义相对论的发展过程同样充满波折。从1913年与格罗斯曼（Marcel Grossmann, 1878—1936）合作的纲要理论（Entwurf theory）到1915年最终发表正确的场方程，爱因斯坦经历了数学工具掌握、物理直觉矫正与竞争合作的多重挣扎。根纳特别指出，这种非线性探索过程正是科学创新的常态，而非失败的例证。

2. 晚年对量子力学的抗拒

　　爱因斯坦对量子力学的怀疑，也常被误解为顽固与保守。根纳细致分析了索尔维会议（1927—1930）上的辩论、EPR 佯谬（1935）论文、与玻尔（Niels Bohr）长达数十年的论战，揭示爱因斯坦并非简单否定量子理论，而是在捍卫一种关于自然必然性的哲学信念。

　　即使 EPR 佯谬最终被贝尔不等式与实验验证所推翻，爱因斯坦提出的问题——关于局域性与实在性的张力——仍然是现代量子信息科学的核心议题之一。根纳据此强调，科学发展中的所谓"失败"，往往是推动新理论深化的隐秘动力。

3. 政治立场的矛盾与演变

　　在公众心目中，爱因斯坦往往被视为坚定不移的和平主义者与人道主义者。但根纳通过梳理一战、二战期间及冷战初期的公开声明、私人信件与政治活动，展示了爱因斯坦立场的演变与矛盾。

　　例如，在1914年，他是少数拒绝签署德国知识分子支持战争宣言的学者之一。但到了1933年面对纳粹威胁时，他转而支持武装抵抗。二战期间，他在西拉德（Leo Szilard，1898—1964）的建议下致信罗斯福总统，促成了曼哈顿计划的启动，而在战后又成为最激烈的反核运动倡导者。

　　这种矛盾并非背叛理想，而是现实环境下理性权衡与道德挣扎的结果。根纳认为，正是这种复杂性，使爱因斯坦成为20世纪知识分子参与政治的典范。

三、重构科学发现的叙事

1. 思想实验：物理直觉的认知转化器

　　在大众想象中，爱因斯坦的科学创见常被描述为孤立而神奇的灵感闪现。但根纳系统梳理爱因斯坦早期的学习笔记、通信与回忆录，指出：爱因斯坦的思想实验（Gedankenexperiment）并非偶然的异想天开，而是一种经过长期锤炼的认知工具，将抽象物理问题转化为直觉可感知的模型。

　　追光实验（1895—1905）

　　16岁时，爱因斯坦幻想自己追逐一束光。如果能够以光速前进，那么光波在他看来会静止吗？这一直觉挑战了麦克斯韦电磁理论的时空结构预设，10年后，在狭义相对论中，这一思维路径最终成熟，促成了光速不变性原则的确立。根纳特别指出，现存苏黎世联邦理工学院的课堂笔记表明，这一过程经历了多次逻辑纠偏与模型重建，而非一蹴而就。

电梯假想（1907—1912）

在广义相对论萌芽阶段，爱因斯坦提出自由下落电梯内的人将感受不到重力这一思想实验，从而引入等效原理（Equivalence Principle）。这一直觉推导出重力与加速度的物理等效，为后续建立曲率时空模型奠定了基础。

光子盒实验（1930）

在与玻尔的量子力学争论中，爱因斯坦设计出"光子盒"思想实验，试图证明量子力学理论的内在不完备性。尽管被玻尔反驳，但这一模型催生了后来的量子纠缠与测量理论的深层讨论。

根纳强调，思想实验是爱因斯坦科学实践中不可或缺的构成要素，体现了物理直觉、概念批判与数学表征三者的高度互动。

2. 数学与直觉的辩证统一

常有一种误解认为，爱因斯坦藐视数学，过于倚重直觉。根纳纠正了这一偏见，通过深入分析1912—1915年广义相对论形成过程中的未发表手稿与信件，揭示了爱因斯坦与高阶数学的复杂关系。

纲要理论阶段（1913）

在最初尝试用黎曼几何描述引力场时，爱因斯坦因缺乏系统的张量分析训练，选择了过于简化的场方程，导致理论无法自洽。根纳引述爱因斯坦致贝索的信中那句著名的自嘲："数学几乎绊倒了我。"

突破阶段（1915）

在格罗斯曼的协助下，爱因斯坦逐渐掌握了柯西张量与黎曼曲率张量的运算，最终导出了正确的爱因斯坦场方程（Einstein Field Equations）。根纳指出，这一成功不仅是物理直觉的胜利，更是数学训练与理论物理深度整合的成果。

3. 错误的价值：科学进步的动力学机制

科学史上常将错误视为尴尬的插曲，但根纳反复强调：在爱因斯坦的实践中，错误是理论深化不可或缺的动力机制。

战略性错误

如1917年引入宇宙常数（cosmological constant）以维持静态宇宙模型，后被证实为误判。但在21世纪暗能量理论复兴后，宇宙常数再次成为宇宙学标准模型的重要参数，显示"错误"在科学史上有时具有意想不到的后续意义。

技术性错误

如1905年布朗运动论文中的粒子扩散率公式推导错误，或1911年预测光线偏折角度偏小的失误，这些细节上的偏差通过同行批评与自我修正得到纠正，体现了科学共同体自我校正机制的健康运行。

认识论上的局限

如晚年执着于统一场论，试图将电磁与引力统一为单一理论，忽视了当时量子力学革命带来的基本范式转变。尽管未能成功，这一执念仍激发了后世弦理论与量子引力研究的兴起。

根纳总结道，正是这种以失败为契机不断自我更新的精神，使爱因斯坦成为现代科学家典范，而非神话式的完美英雄。

四、教育与反叛：一个思想者的成长环境

1. 普鲁士教育的压抑与反抗

根纳通过慕尼黑路易波尔德文法中学的详细档案，揭示了19世纪末德意志帝国教育制度的机械化与军营化特征。课程设置以拉丁语、希腊语和死记硬背为主，自然科学教育几近忽略；校规充斥对身体行为的细致管控，从笔顺到课间谈话均有严格规范。

这一环境塑造了少年爱因斯坦对权威主义、集体主义的深刻反感。他在1894年的退学申请书中坦言："我无法忍受思想与自由的禁锢。"根纳将这一阶段称为爱因斯坦认知风格形成的"压抑性反向动力"。

2. 瑞士教育的解放与激励

转学至瑞士阿尔高州立中学后，爱因斯坦进入了一个崇尚实验与怀疑的教育体系。课程设置灵活，师生关系平等，强调提出原创问题而非记忆标准答案。

根纳特别分析了爱因斯坦在1895—1896年物理实验课上的作业记录，指出其自主设计电流强度测量方法，受到教师的高度评价。这种教育环境不仅培养了他敢于挑战权威的性格，也为其日后敢于颠覆传统物理框架打下了心理与方法论基础。

3. 专利局训练的意外馈赠

1902—1909年在伯尔尼专利局的技术审查经历，进一步锻炼了爱因斯坦系统分析、快速识别漏洞与抽象建模的能力。根纳通过审查记录细致地重建了爱因斯坦的日常工作流程，指出这种训练与其物理研究中的批判性推理模式存在高度同构关系。

4. 教育的深刻启示

根纳总结指出，爱因斯坦之所以能够成为"单驾马车式"（Einspänner）的思想者，关键在于成长过程中及时脱离了压抑性的德国教育体系，得以在瑞士自由的氛围中形成独立批判的认知结构。这一过程提醒我们：批判性思维并非自然而生，而需特定制度环境的精心孕育与保护。

结语：在真实中重建崇高

根纳的《阿尔伯特·爱因斯坦》通过批判性的祛魅写作，既解构了孤立天才与完美圣人的神话，也重建了一个在真实挣扎中展现出崇高的人类探索者形象。

爱因斯坦的价值，不在于他未曾失败，而在于他在失败中坚持求索；不在于他总是正确，而在于他对真理的执着超过了对个人面子的执念；不在于他超越了时代，而在于他勇敢面对了自己时代的极限。

在技术焦虑与英雄幻灭并存的今日，根纳让我们重新认识了爱因斯坦——一个会算错方程、会争执不休、会在政治理想与现实之间痛苦抉择的人。这种理解，比任何神化都更接近真正的启发。

　　正如爱因斯坦1936年在《论坛》杂志所言："问题的提出，比解决问题更重要。"在不确定的时代里，提出正确的问题、保持怀疑的勇气，也许正是我们最需要继承的爱因斯坦精神。

目　录

前　言

　　在乌尔姆市的军械库附近，到访者会看到一座用来纪念他们的城市之子阿尔伯特·爱因斯坦（Albert Einstein）的喷泉雕塑。这座于1984年由尤尔根·戈尔茨（Jürgen Goertz）铸造的青铜雕塑由一个火箭台和在这上方的一个蜗牛壳组成，爱因斯坦的头从蜗牛壳里伸出来。火箭底座向下面的水池射出多股水流。它象征着技术发展、太空飞行以及核武器的威力。蜗牛壳代表了大自然中的一个对立形象。它代表着从这些活动中明智地撤退，这些活动的后果是不容忽视的。爱因斯坦在蜗牛壳里用他最有名的姿势注视着来访者：吐舌头。在某种程度上，喷泉反映了阿尔伯特·爱因斯坦在公众眼里的陈旧形象。无论是太空旅行，还是制造原子弹的专门知识，都与他无关，他也没有退缩到蜗牛壳里。相反，他直到去世都是一个顽固的政治评论家。另外，蜗牛壳很好地象征了那个热爱独立胜过一切的独行侠（Eigenbrötler）。年少时，他喜欢在瑞士徒步旅行，后来他在帆船运动中获得了丰富的体验，这些经历使得他与大自然非常亲近。

　　如此，这座喷泉旨在描绘爱因斯坦复杂而矛盾的独特个性。接下来这篇简短的传记将依据最新史料，用文字再现爱因斯坦的生活，重塑他的人物形象。笔者按照时间顺序记述了他人生中的许多事件，但不仅仅是对它们的回顾。他本人以及同时代的其他人的言论可以作为叙事依据。本书最后一章试图勾勒出阿尔伯特·爱因斯坦的整体形象，对他闻名世界的原因进行了探讨，并指出了他的名字被商业化的原因。

　　笔者对书中讲述的历史事实和引文做了仔细的查阅工作。但是，因篇幅有限，除少数特例之外，参考文献中仅列出了被引用的书目。本书所有引言的书写方式都与原文保持一致。

第一章 —————————— 少年爱因斯坦

　　在乌尔姆市的威恩霍夫[1]（Weinhof）边上有一栋名为"英国人之家"的楼房，在楼里的"伊斯拉埃尔和利未"羽毛褥垫商铺的楼上，一位奶奶正在给她1岁的孙儿用地道的施瓦本语唱着童谣："我的小鸭子啊湖上游，湖上游，它的小脑袋啊水里头……"这位奶奶名叫海伦（Helene），出生时姓莫斯（Moos），来自费德湖畔的布豪，如今住在乌尔姆。她应该永远都想不到，这个正坐在她膝上的男仔今后会有什么样的声誉。这个犹太家族在17世纪开始就居住在布豪，家里财富不多，但有很多商人；她很有天分的儿子赫尔曼·爱因斯坦（Hermann Einstein），不得不满足于去斯图加特学习经商。在他的第一个孩子阿尔伯特出生时，他成了他表兄摩西·利未（Moses Levi）和赫尔曼·利未（Hermann Levi）在乌尔姆的一家蓬勃发展的公司的合伙人，这要归功于他妻子保利娜·科赫（Pauline Koch）（来自坎施塔特）的嫁妆。他的哥哥奥古斯特（August）则在同一栋楼里经营着一家女士服装店。

　　但就在15个月后，即1880年6月，年轻的爱因斯坦夫妇

---

1 从14世纪到19世纪，因为有葡萄酒市场，威恩霍夫是乌尔姆的一个重要的商业广场。

便带着孩子搬到了慕尼黑。赫尔曼·爱因斯坦的弟弟雅各布（Jakob）是一名在斯图加特理工学院接受职业培训的工程师，他说服了赫尔曼·爱因斯坦与他一起在慕尼黑创办了一家名为雅各布·爱因斯坦电气厂的新公司。电气技术的"黄金时代"在德国刚刚开始，通信和照明是正在快速推进的电气化的核心。这家公司起初发展得很好，最景气的时候可能有200名员工。他们为城市各个地区安装路灯，业务还覆盖施瓦宾区[1]（Schwabing）及意大利北部的小城镇。由于他们启动资金薄弱，主要依靠亲戚出资，而且他们的产品未能及时从直流电转换成交流电，因此公司无法抵御竞争。1894年，公司不得不宣布破产。有传言称，公司是因为遭到反犹太主义的歧视而走向衰落，但是这种说法并没有得到有关爱因斯坦的研究的支持。

因此，阿尔伯特·爱因斯坦在童年和青春期所处的成长环境比乌尔姆的羽毛褥垫商铺要复杂得多。他的妹妹玛雅（Maja）在40年后回忆往事时说，她的哥哥比她大两岁半，是个安静，且有耐心、有毅力的孩子，通常独自玩耍，但也有暴躁的时候。7岁之前，阿尔伯特说话时都会悄悄地重复每一句话。他的母亲让他在5岁时就开始学习小提琴。在上完私立学前班后，他进入了一家天主教公立小学，学习成绩优异。二年

---

1 慕尼黑的一个区，靠近英国花园、慕尼黑大学，是自由派知识分子的聚集区。——校者注

级结束时，他的母亲足以骄傲地写信给她的姐姐说："他又是第一名，他拿到了一份出色的成绩单。"但在妹妹的眼里，他的"才能一般，正是因为他需要时间思考问题……"。他在算数课上也并不出众，但他"总能找到解决难题的方法，即使他在计算时容易出错"。他的父母非常重视培养他的独立能力，比如他们鼓励他独自一人到大城市里走走。

爱因斯坦虽然在一个小家庭里长大，但他家亲戚众多，彼此关系亲密。父亲这边，除了慕尼黑的雅各布叔叔之外，在乌尔姆还有一个伯伯和两个姑姑。在他母亲那边还有两个舅舅——雅各布·科赫（Jakob Koch）和恺撒·科赫（Caesar Koch），他们为了经商分别搬到了热那亚和安特卫普。他还有一个姨妈法妮·爱因斯坦（Fanny Einstein），她出生时姓科赫。父母的这些兄弟姐妹为阿尔伯特至少带来了20位"真正的"堂、表兄弟姐妹以及同宗的远亲，比如住在卡尔斯鲁厄（Karlsruhe）的奥古斯特·马克斯（August Marx）一家。比他小1岁的慕尼黑的音乐家阿尔弗雷德·爱因斯坦（Alfred Einstein）和新维德（Neuwied）的艺术史学家卡尔·爱因斯坦（Carl Einstein）与他并不沾亲，阿尔弗雷德甚至与他在同一所文法中学读书。叔叔雅各布·爱因斯坦家的孩子罗伯特（Robert）和伊迪丝（Edith）可能是他在慕尼黑时的玩伴。

从1888年冬季学期开始，阿尔伯特进入了路易波尔德文法中学这所古典语学校，他喜欢拉丁语，但不喜欢希腊语。因此，有一天，这门课的教授预言说："他今后将一事无成。"只有一位老师的课让他精神振奋，因为他在这里接触到了古典文学，认识了歌德、席勒和莎士比亚。他还开始接触代数和几何，并对它们产生了极大的热情。他拿到了一本几何教科书，开始在家自学并试着去证明书中的定理，比如毕达哥拉斯定理。证明成功后，他感到"欣喜万分"。他在67岁时坦言，这是在"经过艰苦的努力后"才实现的。这位世界名人在回忆时说道："……对于那个初次有这份体验的人而言，人在单纯地思考时能够达到这种程度的确定性和纯粹性，已经很了不起了……"同样在十二三岁的时候，有个医学院的大学生给阿尔伯特带来了许多有关哲学和自然科学的文章，他每周四都可以在爱因斯坦家吃午饭。他的读物里有伊曼努尔·康德（Immanuel Kant）的《纯粹理性批判》以及阿龙·伯恩斯坦（Aaron Bernstein）的知名系列丛书"自然科学通俗读本"。阿尔伯特一口气就读完了这21本薄薄的小册子！在文法中学的这几年里，他的小提琴水平也进步了。他在母亲的钢琴伴奏下演奏了莫扎特和贝多芬的奏鸣曲。他具有的内在独立性在这所鼓励背诵而不重个人思考的学校并不受欢迎。年少的爱因斯坦根本不喜欢老师讲话时威严的语气和那里进行的军事化服从训练。因此，即使到了1894年秋季开始的第七个学年，他仍然无法认同慕尼黑这所文法中学的理念。

　　1894年秋天，他过得格外艰难。父亲和雅各布叔叔关闭了他们那家运营不良的公司。随后，他的父母带着妹妹玛雅一起搬到了意大利，准备在那里东山再起。他本该留在慕尼黑，寄宿在一户人家里，由众多亲戚照看，在路易波尔德文法中学继续读书直到毕业。但情况发生了变化。在一位老师以"您的在场就是对我的不尊重"这一荒谬的理由要求他离开学校后，阿尔伯特向校长提交了一份家庭医生的证明，并于1894年12月29日前往米兰与父母团聚。当他表示不愿再回到慕尼黑时，父母并没有很高兴。他们首先要为他申请解除符腾堡王国[1]的公民身份。1895年3月他的16岁生日即将到来。根据法律，如果他在此时没有服兵役就移居国外，他可能会被当作逃兵处理。

　　这份申请被批准了。小爱因斯坦现在没有了国籍，而且他可能也有种无家可归的感觉。现在该怎么办呢？在米兰的国际学校入学后不久，阿尔伯特开始继续自学，主要是数学和自然科学，但他也会阅读德国古典文学。妹妹玛雅注意到，他在喧闹的环境中可以保持全神贯注。他写下了他人生中第一篇物理学论文《关于磁场中以太状态的研究》并将它寄给了在安特卫普的舅舅恺撒·科赫，但舅舅完全没有读懂这篇论文。他在父亲和叔叔的新工厂里帮忙；有一次，他甚至帮忙解决了一台

1　1871年，符腾堡作为自治王国加入普鲁士首相俾斯麦通过几次成功的战争和外交手段缔造的德意志帝国。——译者注

仪器的设计问题。雅各布·爱因斯坦叔叔兴奋地说道："我和我的助理工程师绞尽脑汁想了好几天，这个小伙子在一刻钟内就彻底搞定了。"他和家人在圣哥达山（Gotthard）附近的艾罗洛（Airolo）度过了暑假。那年夏天晚些时候，他从帕维亚（Pavia）南边的沃盖拉[1]（Voghera）出发，徒步六七十公里到热那亚（Genua）去看望舅舅雅各布·科赫。这个内向的孩子变成了一个活泼又健谈的少年。

　　他对自己满怀信心，希望苏黎世联邦理工学院可以对他破格录取。但学校的两个条件他都无法满足，即中学毕业证书和年满18周岁。在家里一位颇有影响力的熟人的帮助下，他得知并参加了10月份的一场入学考试。结果在数学和科学上取得了最好的成绩，而语言和历史的成绩却很差！因此，他没有通过这场考试！理工学院的校长建议他在瑞士完成中学的最后一年；之后，他的成绩如果达标，就可以被录取。又通过这位朋友的介绍，阿尔伯特被安排寄宿在阿劳镇上阿尔高州立中学的历史和希腊语教师约斯特·温特勒[2]（Jost Winteler）家中。温特勒夫妇有7个孩子，阿尔伯特爱上了他们的女儿玛丽（Marie），玛丽也爱上了他。他给玛丽写道："亲爱的小宝贝！

1　沃盖拉是意大利帕维亚省的一个市镇。——译者注
2　温特勒的专长是语言和历史，在对社会问题及对德国的看法上，在和平主义和自由主义等方面，他都跟爱因斯坦有很多共识，并且被认为对爱因斯坦社会思想的发展产生过影响。——译者注

非常非常感谢您可爱的来信，它让我感到无限的快乐……现在我才发现，我是多么需要您，您就是我亲爱的小太阳，带给我幸福。"玛丽的热情也不比他少，她回信道："亲爱的宝贝！今天，就在刚才，您的小包裹已经到了……您知道的，在我心里是什么唯独为您而生，为您去感知，自从您的灵魂与我的交织在一起，生长在一起，它就变得如此美妙……"但是，正值年轻的爱因斯坦一心追求学业，高中毕业后留下大两岁的玛丽独自面对她的感情。不过，爱因斯坦与温特勒一家一直都保持着联系；他的妹妹玛雅后来嫁给了玛丽的哥哥。

　　根据爱因斯坦妹妹的讲述，阿尔高州立中学会因材施教；不要求学生有大量的知识，但要求他们全面思考。无论在学校，还是在温特勒家里，阿尔伯特都感到非常自在。他在1896年夏天收到了高中毕业证书和一份平均成绩为"优"的成绩单。10月，他在苏黎世联邦理工学院开始了大学学习，攻读数学和物理学科的教师文凭。如他自己讲述的那样，他遇到了"非常出色的老师［比如胡尔维茨（Hurwitz）、闵可夫斯基（Minkowski）教授］，因此有机会可以深入地学习数学。但我大部分时间都在物理实验室里工作，迷恋于同经验直接接触"[1]。这里的物理实验室指的是海因里希·韦伯（Heinrich

---

1　译文参照赵中立、许良英等编译的《纪念爱因斯坦译文集》，上海：上海人民出版社，1979年版，第6页。——译者注

Weber）教授的电子技术实验室，当时他不客气地称呼他为"韦伯先生"。在这里，他取得了最好的成绩，一个不折不扣的 1 分[1]。尽管韦伯不太关注自己领域内的最新发展，但是他的讲课非常精彩，爱因斯坦也十分喜欢。无论是讲座课还是练习课，爱因斯坦都只选修自己感兴趣的，或是对考试绝对必要的课程。在考前准备，尤其在准备数学考试的时候，同学的笔记，比如他那个比较勤奋的朋友马塞尔·格罗斯曼（Marcel Grossmann），他的笔记对他而言就是不可或缺的帮助。不足为奇的是，1899 年 3 月，他受到了"校方的正式训诫"，"因为不重视物理实践课"。这门课的老师在他的毕业成绩单上给了他一个"不及格"，而他在其他科目上得到的成绩则从合格到优秀不等。1900 年 8 月，21 岁的他拿到了"数学专业教师"的文凭。爱因斯坦现在已经是一个不失魅力的成年男子，他不会轻易听人劝说。尤其在对方坚持权威的情况下，就更不会这么做了！大学期间，他像自己的父亲那样，留起了小胡子，这是他那一代人的时尚：像路德维希·玻尔兹曼（Ludwig Boltzmann，1844—1906）、恩斯特·马赫（Ernst Mach，1838—1916）、威廉·奥斯特瓦尔德（Wilhelm Ostwald，1853—1932）以及昂利·庞加莱，这些科学名人留的络腮胡子

---

[1] 德国学校常用 1—5 分制评分，1 分为"优秀"，5 分为"差"，分数越低表示成绩越好。——译者注

已经"过时了"。

在大学时代，阿尔伯特·爱因斯坦并没有一味地刻苦读书，又一个女人走进了他的生活，她就是米列娃·马里奇（Mileva Marić），她是当时11位一同开启大学生活的新生中唯一一位女生。她出生在伏伊伏丁那州的一个富裕的塞尔维亚家庭，这个地方当时属于奥匈帝国；在匈牙利语中，她的名字是玛丽琦（Marity）。在萨格勒布和苏黎世读完文法中学后，她在伯尔尼的女子师范学校研习班上参加了高中毕业考试。她比阿尔伯特大3岁，相貌不俗，给人一种严肃认真、少言寡语的感觉。由于骨结核造成的臀部损伤，她走起路来有些笨拙。在读完第一个学年后，米列娃在1897年开始的冬季学期转到海德堡大学成为旁听生，还参加了菲利浦·莱纳德（Philipp Lenard，1862—1947）的理论物理课，莱纳德后来成了相对论的反对者（详见第六章）。在她于1897年10月底从海德堡写给阿尔伯特的第一封信中，她取笑了莱纳德。阿尔伯特给这位"尊敬的小姐"回信，建议她尽快回到苏黎世学习。他在信里向她致以友好和衷心的问候，暑假里他还不忘附上"我家老太太的问候"，这是他对他母亲的惯用称谓。目前，他们主要在信中交流学习内容和各自的生活情况，即使我们可以从中觉察出一些克制的感情。米列娃写道："每次读您的来信，我都有一种回家的感觉。在与您相处的这段日子里，我的心里隐隐地生出了一种奇特的感觉，这种感觉在最轻微的碰触中会被立即唤醒……"阿尔伯特回复道:"在我第一次读亥姆霍兹的书时,我不明白您为什么不坐在我身边了,现在我还是没有缓过神来。我发现我们在一起工作非常好,有益于健康,而且也不那么耗费精力。"他还研究了海因里希·赫兹(Heinrich Hertz)的一篇论文,赫兹在1886年首次通过实验证明了电磁波的存在。爱因斯坦说:"我越来越相信当前的电动力学与实际不符,它可以更简洁地表达出来。"这是一个大学生的大胆之言!

在温特勒家和其他人一起演奏音乐时,爱因斯坦认识了大他6岁的尤利娅·尼格利(Julia Niggli)。他们至少对对方都很感兴趣。1899年夏天,尤利娅遇到了感情纠葛,向他请求建议。他在回信中祖露了自己对男人天性的看法:"我们今天脾气暴躁,明天狂妄自大,后天冷酷无情,然后又很暴躁,对生活感到厌烦……就这样继续下去,但我差点忘了还有不忠、忘恩负义和自私,在这几个方面,比起那些好姑娘,我们也几乎更厉害。"在同一时期,在一个16岁女孩的假期里,他作为"调皮的朋友"在她的诗词集里写了一首诗:

姑娘你啊小而巧,
看我为你写啥了?
或许你已知几分,
在此还有一个吻,
要把你的小嘴咬。

你若为此动了气，

着急啼哭请莫要，

有个惩罚那便是，

给我一吻它最好。

10年后，这次邂逅还有一个后续。但现在米列娃战胜了潜在的情敌：1900年夏天，两人成为恋人。米列娃给阿尔伯特写道："……现在我给你写这封信就想问问，你也像我喜欢你那样喜欢我吗？请速回复。你的多莉吻你一千遍。"阿尔伯特给米列娃回复道："我焦急地盼望着我亲爱的小女巫给我来信。我很难相信我们还是分开了这么久。现在我才明白我是多么疯狂地喜欢上了你！……"这是他们在7月的毕业考试之后的信件往来，阿尔伯特通过了考试，但米列娃没有。同时，他们两人已经订下婚约。这可以从一封阿尔伯特写给米列娃的信中看出，他在信中描述了他母亲得知此事后歇斯底里的反应。他无情地将母亲的想法告诉了她，比如"任何一个体面的家庭都不会要她"，"到你30岁的时候，她就是个老巫婆了"。但他没有被动摇，他对米列娃写道："你的乔尼想你千遍，疯狂地爱你。"由于阿尔伯特并不在意国籍和教派，因此对他来说，米列娃与生俱来的塞尔维亚文化背景以及她信奉东正教这件事都不是问题。

从现在开始的两年内，爱因斯坦不停地在找工作，就业状态很不稳定。1901年2月，爱因斯坦成为瑞士公民，此前城市警局对他的描述是，他是一个"非常热心、勤奋和稳重的人，而且很节制"。由于身体条件不合格，他被免除了兵役。他一心想要开启科学事业，起初却一直被拒之门外。他想在韦伯教授的实验室里写博士论文的心愿没有实现，韦伯也没有将助教职位给这个虽有才干，却不怎么热心，而且待人无礼的候选人。随后，爱因斯坦天真地给哥廷根大学的著名实验物理学家爱德华·里克（Eduard Riecke）教授寄去了求职信，应聘从1901年至1902年面向博士生招聘的助理职位。他没有认识到自己的申请希望渺茫，而是对里克的回绝感到怀疑。他对米列娃说："里克的回绝并没有让我觉得惊讶，我敢肯定，是韦伯坏了这件事。这个理由太不可思议了，而且他根本就没有提到第二个职位。"里克的第二个助理职位给了约翰内斯·施塔克（Johannes Stark）博士，他后来获得了诺贝尔奖；他的任期随后被延长了。试问，谁在招聘助理时会注意到一个来自苏黎世有教师资格的"无名小卒"呢，他刚刚发表了一篇关于毛细血管，即液体在狭小腔体中的状态的学术论文。爱因斯坦还给莱比锡的物理化学家威廉·奥斯特瓦尔德（后来获得了诺贝尔奖）写信介绍了自己和他的这篇"小论文"。爱因斯坦的父亲随后为支持儿子也给奥斯特瓦尔德写了一封信，言辞谦恭，不知这一举动对阿尔伯特来说是否得当。父亲在信中用最华丽的语言讲述了爱因斯坦的能力，恳请奥斯特瓦尔德"是否可以给他写几句话鼓励他，让他重新获得生活和创造的热情"。父亲表示，如果教授可以将助教这份工作给阿尔伯特的话，他将感激不尽！奥斯特瓦尔德可能认为这个要求太过分了。他的回复如何，我们不得而知。虽然听起来不太可能，但阿尔伯特也瞄准了苏黎世联邦理工学院的数学教授阿道夫·胡尔维茨身边即将空出的助理职位。他曾在读大学时上过他的两次导论课，但由于"时间不够"，没有参加他的数学研讨课。他承认："……唯一对我有利的，是我确实去上了大部分开设的课程。"然而，苏黎世的数学教授闵可夫斯基曾对马克斯·玻恩（Marx Born）说，他"……就是一个懒虫。他对数学根本不上心"。

在向斯图加特、夏洛滕堡、莱顿和意大利陆续寄出求职申请后，阿尔伯特于1901年4月写信给米列娃，不无讽刺地说道："不久，我将用我的求职申请让北海到意大利南端这个区域里所有的物理学家都感到荣幸！"米列娃支持他。她对一位女友提起了他发表的第一篇论文，她说："这不是一篇普通的论文，而是一篇关于液体理论的非常重要的论文。我们也将它悄悄寄给了玻尔兹曼……希望他能给我们写信。"路德维希·玻尔兹曼是热力学和统计力学方面的权威。鉴于爱因斯坦后来取得的成就，我们可以相信，这些毫无希望的求职申请并不表示他对自己估计过高，而是反映了他对自己的实际评价。所以爱因斯坦接受了现有的工作：1901年5月和6月，他在温特图尔职业技术学校代课，9月，他在沙夫豪森的一所私立学校任教，为英国学生做高中毕业考试辅导。由于与学校领导意见不合，他在学年中期放弃了这个职位。在这两份工作之间，他向伯尔尼州布格多夫市和图尔高州弗劳恩菲尔德市的几所中学投递了求职申请，但都没有成功。米列娃曾在7月第二次尝试通过苏黎世联邦理工学院的毕业考试。但又是徒劳一场！她发现自己怀上了阿尔伯特的孩子，这时他们对一个长期职位的需求变得更强烈了。两人对这件事守口如瓶，以至于在米列娃生前，就连他们婚后生的两个孩子对此也毫不知情。直到1980年之后，他们的第一个孩子才为人所知。在那个年代，在世风保守的苏黎世公开承认有一个非婚生子女意味着他们会名誉扫地，而且这也会成为爱因斯坦事业的绊脚石。爱因斯坦的那位对米列娃"十分反感"的母亲完全料到了此事！爱因斯坦的父亲无法支持他——他在堂兄鲁道夫·爱因斯坦（Rudolf Einstein）[1]那里欠了一大笔钱；电气化业务在意大利也开展得不顺利。

　　"人脉"再次在阿尔伯特的人生中发挥了重要作用。他的大学同学马塞尔·格罗斯曼已经成为弗劳恩菲尔德的州立中学的老师，通过他的父亲——伯尔尼的瑞士专利局局长弗里德里希·哈勒（Friedrich Haller）知道了爱因斯坦。哈勒请他去应

---

1 鲁道夫·爱因斯坦是爱因斯坦父亲的堂兄，他娶了爱因斯坦母亲的妹妹法妮。他们的女儿艾尔莎后来嫁给了爱因斯坦，成了他的第二任妻子。——译者注

聘新设立的两个职位，一个是"二级工程师"，另一个是"三级技术员"。爱因斯坦提出了申请，他有先见之明地搬到了伯尔尼，靠"为大学生和中小学生做数学和物理家教"来维持生活，直到他最终得到这份工作。

第二章 ——————— 成家立业

　　"宝贝儿，你说你想马上找一份工作，然后接我过去！读着你的来信，我是多么高兴，无论是现在还是将来，我都会这么高兴。"但她和阿尔伯特之间应该没这么简单。米列娃对她的朋友海伦（Helene）是这么说的："我那宝贝嘴巴恶毒，而且是个犹太人。一切迹象表明，我们是苦命的一对。但我们在一块儿的时候，会比大多数人都有趣。"1901 年 5 月，阿尔伯特在信中问道："亲爱的，你好吗？小家伙怎么样了？"1901 年的暑假，米列娃像往常一样住在塞尔维亚父母家里。在 1901 年底她还在信中写道："我想我们现在还不要去谈论丽瑟儿（Lieserl）的事。"11 月，在这个孩子出生前，他们在莱茵河畔的小城施泰因再次相聚，当时阿尔伯特从沙夫豪森过来。12 月初，他给在塞尔维亚的米列娃回信时写道："我收到了你亲切的来信，你说你肚子疼……照顾好自己，开开心心地等着我们亲爱的丽瑟儿吧，不过我暗地里（这样多莉就不会察觉）更愿意把他看成小汉斯。"大概在 1902 年 1 月，米列娃在父母家中生下了这个女儿，她的名字就是信中提到的丽瑟儿。分娩过程十分艰难，孩子也可能因此受了伤。爱因斯坦丝毫没有打算去米列娃父母家中看望她们母女俩。她应该不敢带丽瑟儿去照相——因此爱因斯坦从未见过他的第一个孩子。

经过哈勒的审核，爱因斯坦与另一位应聘者于1902年6月16日一起被专利局录用了。他在马塞尔·格罗斯曼去世后给格罗斯曼的遗孀写信说道："……通过他和他的父亲我认识了哈勒，进了专利局。这相当于救了我的命，没有他们的帮助，我虽不会死，但可能会变得精神颓废。"有了稳定的工作他们终于可以结婚了。爱因斯坦负债累累的父亲因患心脏病后不久于1902年10月在米兰去世了。在他去世后，阿尔伯特和米列娃于1903年1月（在丽瑟儿出生后一年）在伯尔尼正式结为夫妻。这个孩子留在了塞尔维亚。他们在民政局登记结婚那日，双方家庭无一人到场。在阿尔伯特于1903年9月给回到塞尔维亚的米列娃的一封信中，他最后一次提到丽瑟儿，我们得知，这个孩子患上了猩红热。他担心地写道："对丽瑟儿的事，我感到很抱歉。猩红热很容易引起后遗症。要是一切顺利就好了。丽瑟儿是怎么登记的？我们得小心，别让这孩子以后遇上什么麻烦。"此后就再也没有任何关于丽瑟儿的消息了；在国家和教会的登记册上没有她的出生和死亡记录，米列娃的家人、周围的人或是其他见证人也没有留下任何有关丽瑟儿的书面或者口头记录。爱因斯坦这个女儿的命运可能永远是个谜！和他所有的朋友和熟人一样，来自维也纳的物理系学生弗里德里希·阿德勒（Friedrich Adler，1879—1960）对丽瑟儿也一无所知。他们从1896年冬季学期开始成了朋友。两人都是左翼和平主义者，都崇拜恩斯特·马赫，经常在一起交谈。阿德勒在1897年硕士毕业，1902年在苏黎世获得博士学位。他与爱因斯坦在同一年结婚，妻子是一名俄罗斯大学生。

尽管这个年轻的家庭在伯尔尼有了生计保障，但阿尔伯特想在科学界获得立足之地，他的努力并没有取得成效。他做的第一次尝试，是在1901年11月将一篇关于气体动力学理论的论文手稿交给了苏黎世大学想以此申请博士学位，但没有成功；可能在物理研究所所长阿尔弗雷德·克莱纳（Alfred Kleiner）的劝说下，爱因斯坦拿回了这篇论文。米列娃读了这篇手稿，给朋友写信说："阿尔伯特现在写了一篇十分出色的论文，将它作为博士论文提交了……我非常高兴地读了这篇论文，真心佩服我们家小宝贝有如此聪明的脑袋……"爱因斯坦说，克莱纳"不是一个伟大的物理学家，却是一个很出色的人，我很喜欢他"。尽管在专利局工作，但他并没有松懈。他说："每天我在办公室工作8小时，（下班后）至少做1个小时的家教，然后我还会做一些科研工作。甚至下午1点到2点的午休时间，我也不在家里，而是和朋友在一起读一本哲学书。"在这种阅读的基础上形成了一个小型的阅读圈，他们还定期在爱因斯坦的公寓里聚会，一起研究有趣的书籍和著作。这个阅读圈被他们嘲弄式地称作"奥林匹亚科学院"。这个阅读圈里有一个爱好哲学的罗马尼亚大学生——莫里斯·索洛文（Maurice Solovine，1875—1958），他后来成了爱因斯坦书籍的法语翻译，还有来自沙夫豪森的数学专业的大学生康拉德·哈比希特（Conrad Habicht，1876—1958）。法国数学家昂利·庞加莱的《科学和假设》给他们留下了深刻的印象，他曾对绝对空间（以太）提出质疑。据索洛文回忆，他们当时接连几周一直在研究讨论这本书。书中包含了庞加莱对"同时性"这个概念的想法以及（解答了）它是如何通过时钟同步的方式来实现的。40多年后，阿尔伯特在给他的朋友"索洛"（Solo）的信中说道："在伯尔尼的那段日子还是挺美好的，当时我们组建了一个有趣的'学院'，说实话，它一点也不比我后来见识的那些正经学会更幼稚。"

另一个从爱因斯坦刚入大学就相识并很快成为他最好朋友的人是米歇尔·贝索（Michele Besso），一个比他年长6岁的机械制造工程师。两人于1896年在苏黎世的一个家庭音乐晚会上相遇，当时贝索也是小提琴手。次年，阿尔伯特在苏黎世访问时将米歇尔介绍给了他在阿劳镇上寄宿家庭里的长女安娜·温特勒（Anna Winteler）。贝索随后于1898年与安娜结为夫妻。他带着妻子和孩子在米兰工作，直到通过阿尔伯特的引荐，他也在伯尔尼的专利局获得了一份工作。比较讽刺的是，阿尔伯特在失业期间曾试图通过贝索的父亲找到一份工作。当时米歇尔没有回复他，他带着猜忌的口吻给米列娃写道："在你不是那么风光的时候，你的好朋友就对你不闻不问。这就是如今的世道。"对爱因斯坦而言，米歇尔是他在伯尔尼时的聊天伙伴。他们在一起讨论有关自然科学和哲学的话题，米歇尔给他带来了很多启发。爱因斯坦会向他讲述自己的想法并和他一起讨论，他称贝索像一块"共鸣板"（Resonanzboden）。这个词也适用于米列娃·马里奇。我们从她与阿尔伯特的通信中得知，他与她讨论了他在物理学方面的一些想法。在论文发表之前，她阅读了他的手稿并检查了计算结果。在1901年3月底的一封信中，爱因斯坦对米列娃说道："如果我们两人可以一起完成我们这篇关于相对运动的论文，我将是多么高兴和自豪啊！和他人对比之后我才发现，你的身上有些什么！"上一章提到了爱因斯坦发表的第一篇论文，他在其他地方称为"我们的论文"。在一些物理讨论的信件中更是会经常出现"我们""我们的"等字样，比如"我们的分子力理论"。他曾对米列娃说："在你成为我亲爱的妻子之前，希望我们一起努力地做学术研究，这样我们就不会成为又老又庸俗的人，对吗？"米列娃是否为爱因斯坦的研究注入了自己的想法，如果有的话，又是哪些，这些都无人知晓。至今，物理史研究对这些问题还无法作答。

在苏黎世攻读博士学位失败后，他表现得就像那只吃不到葡萄说葡萄太酸的狐狸一样。结婚当月，他向贝索宣称："我最近决定加入大学编外讲师的行列，前提是我能得偿所愿。不过，我不会去读博士，因为那对我没有什么帮助，而且这场闹剧对我来说已经无聊透顶。"爱因斯坦果真在伯尔尼大学申请了教师资格（venia legendi），但没能成功。1903年夏天过后，米列娃继婚前第一次怀孕之后再次有了身孕。1904年5月，米列娃生下了汉斯·阿尔伯特（Hans Albert），这是爱因斯坦一直期盼的儿子，而不是像丽瑟儿那样的女儿。此时，两人平等的科学合作最终败给了爱因斯坦眼中的市民家庭角色分工：米列娃做饭打扫，缝缝补补，照顾孩子；他负责赚钱并与朋友们一起继续通过学习提升自我。如果"学院"的讨论会在爱因斯坦家举行，米列娃还可以在一边旁听，但她越来越跟不上了。

在结婚之前，爱因斯坦在发表了第一篇论文后又发表了两篇学术论文。其中一篇研究了分子之间的作用力，另一篇讨论了热力学和动力学理论之间的关系。热力学描述了与温度有关的现象，而动力学从原子和分子的状态出发解释了这些现象。从与米列娃的通信中，我们可以看到，爱因斯坦对玻尔兹曼的热力学统计基础做了多么细致的研究。他在这个领域内继续钻研，在1903年和1904年的两篇论文中，我们可以看到，他为自己设定的任务是借助统计力学推导出均衡热力学的基本原理。这几篇阐述热力学与统计力学联系的文章具有基础性的意义；然而，与玻尔兹曼，特别是美国数学物理学家约西亚·W.吉布斯（Josiah W. Gibbs）发表的研究成果相比，它们并没有推动这个课题的发展。爱因斯坦熟知玻尔兹曼的讲课内容和他的其他论文；而吉布斯的书，他直到1905年在书被译成德语后才读到它。但是我们可以看到，这不是他钻研的唯一一个课题。

爱因斯坦研究过热体辐射问题，普朗克（Planck）曾于 1900 年从这个问题中发现了能量可能具有的量子属性。此外，在很长一段时间里，爱因斯坦也一直在思考"相对运动问题"。

第三章 ———————— 思考与讨论的成果

在专利局，爱因斯坦很快熟悉了专利申请中出现的一些棘手的技术问题，并在哈勒局长面前展现了自己的优势。同时，他在继续思考上述3个物理学问题。可能是得到了局长的默许，在他进入专利局的两年内，他也找到了解决这些问题的方法。1905年，他的这些研究成果如泉水般从专利局办公室喷涌而出，他发表了他的博士论文，并在德国最权威的物理学杂志上发表了5篇论文。3月份提交的第一篇论文涉及对辐射光谱的解释，即辐射的强度分布与波长的关系。此处探究的是"黑体辐射"，又称"热辐射"（Temperaturstrahlung），这是因为，它是从一个外壁被加热到一定温度的空心腔体，即"黑体"中，通过壁上的一个小孔发射出来的。普朗克曾用一个带有新常数h的公式来描述辐射光谱，这个常数后来被称为普朗克常数。这种热辐射的一个例子是，媒体上经常提到的用卫星测量的宇宙背景辐射。它在微波范围内，相当于开尔文温标上绝对零度以上约3摄氏度的温度。爱因斯坦的高明之处在于，他认为辐射是由"能量包"组成的，而不是像以前假设的那样由稳定的电磁波流动形成。这些"能量包"的能量值可用"普朗克常数×频率"来表示。爱因斯坦称这些能量包为"能量量子，它们在运动时不会被分割，只能作为一个整体被吸收和生成"。这个想法形成了量子力学概念的基础，即光和任何种类的辐射都具有粒子性，可以说是光量子"气体"。今天，我们把这些光粒子称为光子，能量更高的那些被称为X射线光量子。然而，爱因斯坦还没有给能量量子加上相应的"动量"，即质量与速度的乘积。这一见解是后来才有的。

　　在研究光电效应时，爱因斯坦立刻运用了这个新的概念。当一个金属板被高能光照射时，电子会从表面逸出。起初，对这个现象的解释与一个事实相互矛盾，即射出的电子的动能与入射光的强度不成正比，而是与它的频率成正比。实验物理学家菲利浦·莱纳德已经发现了这一点。他刚刚因为在电子束（阴极射线，Kathodenstrahlen）方面的研究成果而于1905年获得诺贝尔奖。根据爱因斯坦的想法，能量量子应该将其部分或者全部能量传递给了电子，这样这个效应就不难理解了。莱纳德认为，光应该导致电子离开了金属表面，但应该没有向它们传递能量。莱纳德给爱因斯坦寄去了一篇新论文的特印本。1905年11月中旬，爱因斯坦给他回信，奉承地说道："非常感谢您寄来的论文，与之前一样，我怀着钦佩之情研读了这篇文章。"同时，信中附上了一些"简短的客观评论"。直到三年半后，莱纳德才友好地回复了这封信，此时他已经是海德堡物理学院的院长了。光电效应的运用发挥了重要作用，光电池和光电二极管被广泛使用，用光照射的半导体同样也体现了它的重要意义。

　　5月下旬，爱因斯坦向康拉德·哈比希特抱怨说，哈比希特还没有把博士论文寄给他，他还写道："我保证用4篇论文作为交换，近期我可以将其中第一篇寄出去，因为我很快会收到赠本。这篇论文讨论了辐射以及光的能量特性，非常具有革命性……第二篇是关于测定中性物质的稀薄液体溶液的原子真实大小和内部摩擦。"这第二篇文章指的是他献给"我的朋友马塞尔·格罗斯曼博士先生"的博士论文《分子大小的新测定法》。他于4月30日完成了这篇论文，并于7月20日将它提交给了苏黎世大学哲学系。数日之后，论文便通过了。在这篇论文中，爱因斯坦认为，物质由原子和分子构成是显而易见的。这个观点在1900年左右已经被大多数化学家和物理学家接受，但仍然遭到了一些有影响力的怀疑论者的反对，比如物理学家、自然哲学家恩斯特·马赫、物理化学学科的创始人威廉·奥斯特瓦尔德，以及数学家昂利·庞加莱。他们承认，"原子假设"得到了化学实验的验证，但他们认为原子只是对现实世界的一个合理想象；他们不愿相信，原子像手中的玻璃珠一样是"存在"的。爱因斯坦的论文研究的是非常稀薄的分子溶液，这些分子要比溶剂分子大很多。这篇博士论文直到1906年才作为特印本发表，同年，在《物理学纪事》(Annalen der Physik) 上还有一个稍作修正且标题相同的版本。这篇论文中有一个不容小觑的错误，直到5年后才被发现。当时实验物理学家、后来的诺贝尔奖得主让·佩兰教授实验室里的一名工作人员从爱因斯坦的液体黏度公式中发现了一个数值偏差。爱因斯坦未能发现自己论文中的错误并请求他的学生路德维希·霍普夫（Ludwig Hopf）的帮助，霍普夫发现了爱因斯坦的计算错误。然而，在爱因斯坦1905年发表的所有论文中，这篇博士论文的研究成果产生的直接反响最大，因为它有许多实际应用，如对云中悬浮颗粒的分布和牛奶中的蛋白质簇团的研究。

　　仅仅两个月后，爱因斯坦将另一篇重要的论文寄给了同一家知名杂志社。在给哈比希特的信中，他讲述了这篇论文；他说，它"证明了，在热的分子理论的假设下，悬浮在液体中的千分之一毫米量级的物体必定会做可观测的不规则运动，这是由热的运动产生的"。因此，爱因斯坦关注的是悬浮在液体中的小颗粒的颤动现象，它们毫无规律地来回移动。1827年，英国生物学家罗伯特·布朗（Robert Brown）在显微镜下观察到了这种现象，因此它被称为"布朗运动"。然而，物理学家们一直以来都没能解释这个现象。爱因斯坦认为，这是一个可以用平衡热力学和经典统计学（玻尔兹曼！）来解释的过程：它是由于液体密度的随机波动而造成的随机运动，即分子的"热运动"。这里需要运用统计力学，因为当有许多类似的原子和分子时，观察者对每个单独的粒子会了解不足，所以必须使用数学概率理论。爱因斯坦对液体分子的这些波动的计算表明，它们平均（更准确地说：波动的均方）与温度成正比，与液体的黏度和悬浮颗粒的半径成反比，他假定这些颗粒是球形的。他的公式，现在被称为爱因斯坦－斯莫鲁霍夫斯基方程，也可以用来描述耳内鼓膜因与空气分子的密度波动相互作用而产生的无规律震动。幸好，我们听不到这种干扰性噪声。这个理论也可以用来分析交通堵塞和排队现象。

除了大量的科研成果和专利局的工作之外，爱因斯坦似乎还抽出时间来做家教。"奥林比亚学院"日渐衰弱，索洛文在1904年去了里昂。博士毕业后，康拉德·哈比希特在格劳宾登一所学校教书。不过，米歇尔·贝索现在也在伯尔尼的专利局工作，可以和阿尔伯特讨论问题。1905年5月，爱因斯坦夫妇再次更换了公寓：这是婚后他与米列娃住在一起的第三个住所了，他们将在那里生活一年。

爱因斯坦发表的这两篇关于分子物理的论文已经准备了很长时间，它们在内容上与之前发表的论文相互关联。仅在五六个星期之后，爱因斯坦又完成了一篇论文，题为《论动体的电动力学》，发表在1905年6月30日的《物理学纪事》上。随之，狭义相对论诞生了，它推翻了牛顿主张的空间和时间的绝对特性。爱因斯坦似乎突然发现了自己思索已久的"运动的相对性"与电动力学之间的联系。5月，他给哈比希特写道："第四篇论文目前只有草稿，我对时间与空间的理论做了一些修改来研究运动物体的电动力学。"文章最后爱因斯坦只对米歇尔·贝索一人提出了感谢。他承认贝索"忠实地支持"他，"感谢他的宝贵建议"。

　　值得注意的是，这篇文章中没有注明引用了昂利·庞加莱的想法。我们从前文得知，他在"奥林比亚学院"时深入地学习了庞加莱的著作。在10多年后，"时空理论的修改"引起了轰动。爱因斯坦认为，时钟的显示和长度尺度的读取应该取决于它们相对于其他时钟和尺子的相对运动速度，从而失去了它们的绝对性，这种绝对性也被哲学家伊曼努尔·康德认同！这里产生了两个概念：时间膨胀和尺缩效应，即在不同的相对运动的参考系中，长度和时间必须被赋予不同的值。它们可以互相转换。在公开讨论中，爱因斯坦用列车和闪光做的教学演示引起了疑惑。因为人们常常忽略，只有在与光速相当的速度下，即在每秒约30万千米时，才能产生明显的而且可测量的效应。这意味着狭义相对论对电磁信号，如各种频率的无线电波的传播非常重要，例如与用于导航系统的地球卫星的通信，它在基本粒子领域也发挥着重要作用。然而，它对那些速度不及光速的日常物体而言毫无作用。狭义相对论的一个先决条件是，信号传输的速度不能大于（在真空中的）光速。否则，未来和过去就可以互换了。英国菌类研究专家阿瑟·H.布勒（Arthur H. Buller，1874—1944）写了一首著名的打油诗："有位年轻的姑娘叫布莱特，……"他用通俗的语言描绘了这幅不可思议的景象，笔者的"仿照版本"如下：

　　　　　　姑娘容貌靓，

　　　　　　行路快于光。

　　　　　　今晨去远行，

　　　　　　相对于他方。

　　　　　　昨日已还乡。

　　二战期间，一些富有的美国爱国者将狭义相对论的"出生证明"视如珍宝。因为最初的手稿已经没有了，阿尔伯特·爱因斯坦又照着印刷版抄写了一份。1944年，为帮助"书籍和作者战争债券委员会"（Buch- und Autoren-Kriegsanleihen-Komitees），即支持美国参战，这份手写版被签名拍卖，共筹集了600万美元。

　　夏末，爱因斯坦给康拉德·哈比希特写信说："从那篇电磁学论文里我还得出一个结论。将相对性原理与电磁基本方程结合起来，就会得出这样一个结论：质量直接就是对物体所含能量的计量，光会传递质量。镭的质量应该有明显地减少。"相应的那篇只有3页的论文《物体的惯性同它所含的能量有关吗?》于1905年9月27日发表在《物理学纪事》上。文中他的表述更为谨慎："不排除"可以通过镭盐来证明惯性质量与能量等价的可能性。随后，马克斯·普朗克在计算了镭的效应后指出，由于效应太小，无法用当时的测量技术进行验证。顺便提一句，爱因斯坦在这篇论文中只是用文字形式描述了举世闻

名的方程 $E=mc^2$。在这种情况下，相对性原理要求，物理理论不应依赖于观察者是否处于匀速直线运动状态。

1905 年，爱因斯坦的思考完全围绕着物理学，因为除了在自己的研究工作中发表了 5 篇重要论文之外，他还为《物理学年鉴》的附刊撰写了将近 20 篇其他物理学家的论文评论。这里不刊登原始文章，只刊登摘要。阅读和理解这些论文需要时间。爱因斯坦几乎没有时间可以留给朋友和社交。他与朋友通信不多（有几封给康拉德·哈比希特的信），从中我们可以看出他对物理学有多专注。关于他的妻子和第二个孩子汉斯·阿尔伯特，我们只能在简短的附注里读到这样的话："我妻子和这个现在 1 岁大的喳喳叫的'小鸟'向你致以亲切的问候。"直到 1906 年 5 月初，我们才能在一封写给索洛文的信里读到新的消息："我们三个一直都挺好的。这个小家伙已经变成一个相当健壮又调皮的家伙了。目前我在科学研究上没有什么进展……自从您离开后，我就再也没有与人有私下的往来。现在就连回家路上和贝索的交谈也没有了。"这是因为爱因斯坦又搬家了，两人回家时不再同路。

关于布朗运动的论文发表后，爱因斯坦收到了一些信件，指出在他之前就有物理学家已经提出，这种现象是由液体分子的不规则热运动引起的。他在 1905 年 12 月完成了另一篇论文《关于布朗运动的理论》，对他之前的工作进行了跟进和补充。作者表明，这篇文章旨在"指出布朗运动与热的分子理论基本原理之间的关联，同时是为了能够通过统一的分析推导出粒子的平移运动和旋转运动的公式"。这里的"平移和旋转式运动"，是指在液体分子的不规则撞击下，悬浮颗粒不仅会发生移动，同时还会绕轴旋转。在1908年至1909年发表的一系列论文中，让·佩兰非常精准地验证了爱因斯坦的预言，包括旋转运动。爱因斯坦惊讶地说道："我以为对旋转的测量是不可行的。在我看来，这只是一种好玩的数学游戏罢了。"

1905年通常被称为爱因斯坦的"奇迹年"(annus mirabilis)，人们认为这一年是一个孤独又独特的天才的灵感闪现的一年。然而，有3个事实不应被忽视：第一，爱因斯坦关于分子理论的那些著名论文是在统计学的基础上历时数年发展起来的。第二，他的大部分成果都得益于其他研究人员的工作成果，有些甚至已经发表。这里首先涉及澳大利亚物理学家和分子理论研究专家威廉·萨瑟兰 (William Sutherland, 1859—1911) 的研究，在爱因斯坦论文发表的前一年，他就已经在一次大会上提出了布朗运动的耗散–涨落公式。遗憾的是，萨瑟兰发表的论文中有一个严重的印刷错误。这个错误直到1905年7月才得到纠正，当时萨瑟兰在知名英文杂志《哲学杂志》上再次发表文章，这与爱因斯坦的论文在《物理学纪事》上发表差不多处于同一时间。从爱因斯坦与他的朋友贝索的通信中，我们可以看到，他们在1903年共同讨论了萨瑟兰的研究，其中他提出了如何利用经典流体力学，即通过液体及流体力学来测定原子大小的计算方法。这有可能为爱因斯坦的博士论文和他关于布朗运动的论文提供了灵感。此外，奥地利的波兰籍物理学家马利安·斯莫鲁霍夫斯基（Marian Smoluchowski，1872—1917）的一篇论文也可能影响了爱因斯坦对布朗运动的想法，这篇论文被收录在1904年纪念玻尔兹曼的论文集里。斯莫鲁霍夫斯基在此首次探讨了气体和液体的密度波动问题。

昂利·庞加莱对狭义相对论的贡献为物理史学家所熟知。庞加莱还推导出两个匀速运动的观测者之间的变换关系并将其命名为"洛伦兹变换方程"。对庞加莱而言，在描述相对运动的观测者之间的变换关系时，是运用牛顿（伽利略）的公式还是洛伦兹方程，这纯粹是个惯例问题。理论上设定的时间，即原时，它对于洛伦兹变换方程是不变的，但对于伽利略的公式则不是。原时代表了实际使用的时钟所显示的时间，这一论断源于爱因斯坦。它已经被证实具有高度的准确性。

1902年荷兰诺贝尔奖得主亨德里克·A.洛伦兹提出的运动电荷中的电和磁的相对性理论也为狭义相对论做了许多数学铺垫工作。同样众所周知的是，他还没能对他的理论做出恰当的物理解释。让我们看看爱因斯坦自己的说法。50年后，他在临终前两个月给瑞士作家卡尔·泽利希（Carl Seelig）写信说道："如果我们回顾一下'狭义相对论'的发展历程，毫无疑问，它在1905年就已经发展成熟了。洛伦兹已经认识到，以他命名的变换方程对于麦克斯韦方程组的分析至关重要，而庞加莱加深了这一见解。就我而言，我只读过洛伦兹1895年的著作，至于他后面的论文以及后续庞加莱的研究，我都不了解。在这个意义上，我的研究是独立完成的。"

最后，关于爱因斯坦在1905年发表的倒数第二篇论文，我们必须提到奥地利物理学家弗里德里希·哈泽内尔（Friedrich Hasenöhrl），他是埃尔温·薛定谔（Erwin Schrödinger）的老师，在"一战"中不幸身亡。哈泽内尔可能是第一个提出给黑体辐射分配动量，从而分配惯性质量m的人，虽然他推出的辐射能量E和它的惯性质量之间的关系方程$E=4/3mc^2$并不正确。此外，他只将这种关系与电磁辐射联系在一起，而爱因斯坦则断言，这种关系适用于所有形式的能量。我们以汽车的启动电池为例，充电时必须给它提供能量，放电时又会释放能量。能量差的质量当量是十亿分之一克，所以它不能直接测量。电池中电子的静质量与此没有关系，因为充放电时交换的电子数量是相同的。

作为第三个不可忽视的事实，我们必须提到爱因斯坦的众多计算错误和过于理想化的问题处理方式；仅在爱因斯坦的博士论文中就被发现存在30多处计算错误，严重程度不一。举一个过度简化的例子，他把一个相当大的溶解在水中的糖分子假设成一个静止的刚性球体，认为它可以感受到水的平均特性（压力、黏度），尽管它只比水分子本身大4倍。虽然这样的假设过于理想化，但他的计算得出了数量级正确的结果。

这些评论意不在贬低爱因斯坦的成就，而只是为了纠正我们经常能遇到的夸大其词，称他为举世无双的天才。无论遇到什么问题，爱因斯坦都看到了现象背后的物理学原理，并且能够进行相应的数学计算。庞加莱在给苏黎世大学的一封推荐信中这样写道："爱因斯坦是我见过的最具原创力的学者之一。……让我们不得不佩服的是，他能轻而易举地抓住新的想法，并且能够从中得出所有结论。"这段描述很精准。爱因斯坦有着超群的理解力，可以将物理学不同领域的发现结合起来得出更深刻的见解。他不仅找到了拼图碎片，而且还以最快的速度把它拼好了。

爱因斯坦的思想火花是怎么引起他人的注意的呢？在此之前，他只是瑞士专利局里的一个公务员，在专业物理学家中毫不知名。我们从爱因斯坦本人那里得知，量子物理学的创始人马克斯·普朗克在1906年4月之前就曾给他写过信，信中可能提到了他计划发表一篇论文作为对《论动体的电动力学》的回应。这篇论文于1906年发表，指出了爱因斯坦在将牛顿的运动方程"质量 × 加速度＝作用力"进行相对论推广时存在一个错误。1906年春天，普朗克在柏林的学术会议上做报告介绍了爱因斯坦的研究。普朗克的助手马克斯·冯·劳厄（Max von Laue，1879—1960）也在1906年6月回复了爱因斯坦的明信片，当时他还没有继承他父亲在1914年普鲁士君主制结束

前夕获得的贵族头衔。可能令爱因斯坦格外高兴的是，1906
年9月，诺贝尔奖得主威廉·伦琴（Wilhelm Röntgen）向他索
要了他发表的那些论文的选印本。这就是爱因斯坦至此获得的
全部反响：与业内少数几位高级别的同行之间的交流。过了相
当长的一段时间，爱因斯坦才在物理学界崭露头角。直到一战
后的1919年12月，新闻界和非学术界的公众才开始对他有所
关注。

第四章 —————————— 巅峰之路

爱因斯坦在专利局"办公桌抽屉"里进行着学术研究，他进一步研究了热力学和辐射问题。1906年，他发表了一篇关于自发和受激辐射问题的重要论文。他还从狭义相对论中推导出一系列结论并撰写了一篇关于新理论的概述性文章。他在苏黎世的老师赫尔曼·闵可夫斯基，当时已经是哥廷根大学的正教授，将向量计算推广到空间和时间的四个维度，并将它们整合在一起形成"时空"这个概念，从而为爱因斯坦的理论披上了优雅的数学外衣。在这个时空里，距离的定义包含时间间隔和长度。闵可夫斯基的演绎展示了狭义相对论的数学结构。爱因斯坦起初仍持怀疑态度，就像他在别人给他的理论加入新的想法时他所表现的那样，说这是"多余的学问"。但几年后，在最终建立他的引力理论时，他不得不求助于闵可夫斯基的这套方法。

1906年、1907年前后，爱因斯坦渐渐受到物理学界的关注。马克斯·普朗克已经完成了上述论文，他的助手马克斯·冯·劳厄可能于1906年夏天在阿尔卑斯山旅游时拜访过爱因斯坦；他还在1907年到伯尔尼拜访了爱因斯坦。在发表了他的博士论文和1905年至1906年的多篇论文后，爱因斯坦现在想要获得伯尔尼大学的执教资格似乎更容易了。他已经有所准备，尽管他不是一个协会爱好者，却在1903年加入了伯尔尼自然科学协会。这使他有机会结识城市和大学里活跃在自然科学领域的人。其中包括编外讲师——从1906年起成为伯尔尼大学物理学非教席教授的保罗·格鲁内（Paul Gruner）。1907年3月，爱因斯坦在该协会的会议上发表了题为《关于液体中微小悬浮颗粒的运动属性》的演讲。他的执教资格申请最初由于缺少一篇执教资格申请论文而被推迟了，但在提交了论文并于1908年2月做了试讲后，他的申请被接受了，这离不开保罗·格鲁内的积极支持。现在，这个专利局的"二级技术员"已经将一只脚迈入了学术界的大门：成了伯尔尼大学的一名编外讲师。

　　至于爱因斯坦的朋友和一些熟人，米歇尔·贝索仍在伯尔尼工作。但与弗里德里希·阿德勒的联系却因爱因斯坦搬到伯尔尼而中断了。1905年至1907年，阿德勒在慕尼黑德意志博物馆担任科学助理，之后回到苏黎世大学担任物理学编外讲师，并一直在那里工作到1911年。这个热衷于政治的奥地利社会民主党领导人的儿子还兼任瑞士社会民主日报《民权》（Volksrecht）的主编。从1909年起，阿德勒与爱因斯坦在苏黎世再次相聚，并住在同一栋楼里。爱因斯坦的妹妹玛雅于1907年在柏林从罗曼语言文学专业毕业后回到伯尔尼，她于1909年在那里参加了博士生考试，然后嫁给了阿劳镇上温特勒家的保罗（Paul），爱因斯坦曾受到他们一家的热情接待。

　　他与康拉德·哈比希特（Conrad Habicht）兄弟俩之间的联络很热闹。这与阿尔伯特自1906年以来一直在研发一台测量微电荷的精密仪器有关。他想用这台仪器更精确地验证布朗运动。他提出的静电势能倍增器的原理在技术上早已可行，但精确度比他想象得要低。爱因斯坦与哈比希特兄弟称这台仪器为"小机器"（Maschinchen），对它充满热情，这台仪器需要对机械元件和电触点进行大量技术改进才能发挥作用。弗莱堡大学的同事和有经验的机械师提供了帮助。这台仪器从第一个测试样品到工厂生产历时三年。1911年12月，保罗·哈比希特（Paul Habicht）在柏林向德国物理学会展示了这台"小机器"；爱因斯坦为它做了专利申请。这台仪器没能获得商业成功。一方面，它的操作仍然很困难；另一方面，市场上出现了不同设计的灵敏度更高的仪器。这是我们第一次看到，爱因斯坦在机械制造方面也有创造力。他一生中参与了多项专利发明。然而，这些与他人合作的发明远不及他在物理理论方面的成就。

　　一些年轻或与爱因斯坦年纪相仿的科学家也纷纷前来拜访，比如普朗克讲座课上的学生，来自日本的桑木彧雄（Ayao Kuwaki）和布雷斯劳大学物理学院的助理鲁道夫·拉登堡（Rudolf Ladenburg）。据说他曾鼓励爱因斯坦参加1909年9月在萨尔茨堡举行的德国自然科学家和医生协会（Gesellschaft Deutscher Naturforscher und Ärzte，GDNA）的第八十一次会议。这个年度会议聚集了许多德语区的重要物理学家；在那里，爱因斯坦认识了来自慕尼黑的阿诺尔德·佐默费尔德（Arnold Sommerfeld）等人。爱因斯坦在题为《我们关于光的性质的看法最近所经历的变化》的演讲中提到了光量子的假说，马克斯·普朗克尤其反对这个假说。

1909年5月，阿尔伯特·爱因斯坦被苏黎世大学任命为副教授，聘期6年。此前不久，他收到了约翰内斯·施塔克的邀请，请他去亚琛工业大学担任他的助理。得知自己即将被苏黎世大学聘用，他拒绝了这个邀请。在苏黎世，最初竞争这个职位的是弗里德里希·阿德勒。根据爱因斯坦的女婿鲁道夫·凯泽（Rudolf Kayser）的讲述，阿德勒据说是最被看好的，因为他是一位非常出色的物理学家，而且得到了同为社会民主党人的苏黎世州教育部部长的支持。令他父亲震惊的是，阿德勒撤回了他的候选资格。凯泽说，因为他不想从他同学阿尔伯特手里抢走这个职位，还有人说，因为他想全身心投入政治工作。阿德勒于1911年回到维也纳，成为奥地利社会民主工人党的四位书记之一。

同年，那位当年阿尔伯特题诗相赠的少女，如今在巴塞尔已嫁作人妇，她在爱因斯坦被苏黎世大学任命为副教授之时向他发来祝贺。他怀着美好的回忆欣喜地给她回信，祝她幸福，还邀请她如果有机会来苏黎世可以相见。这似乎引起了米列娃的嫉妒。她给这位年轻女子在巴塞尔的丈夫写信抱怨，据说也是以自己丈夫的名义："我们真的不知道，是什么诱使她又写了一封不太合适的信。"这里的"又一封信"是否确有其事，我们并不清楚。阿尔伯特紧接着给这位先生写了一封信澄清此事，向他保证他的妻子行为端正，他解释道："我妻子在我不知情的情况下做出这样的行为，她是因为嫉妒心太强才做了错事，可以被原谅。"这件事让米列娃感到难堪，但也似乎表明，爱因斯坦的婚姻并不尽善尽美。她可能觉得自己被冷落了，她的角色从婚姻伴侣变成了一个仆从。或许，她仍然在因为第一个孩子带给她的经历和爱因斯坦当时的行为而感到郁闷。3年后，在米列娃生了第三个孩子，即他们的儿子爱德华（Eduard）之后，她的丈夫与柏林的表姐艾尔莎（Elsa）展开了一段持续了很长时间的婚外恋，这段恋情最后发展成了他的第二段婚姻。

6月，日内瓦大学在建校350周年之际授予了爱因斯坦"荣誉博士"（honoris causa）学位，这是他获得的第一个"荣誉博士"。届时还有109人获此荣誉，这多少让这个嘉奖少了一些分量。但在此期间，爱因斯坦在科学界已经声誉斐然，他于1909年10月被莱比锡物理化学家威廉·奥斯特瓦尔德提名为诺贝尔奖候选人，而奥斯特瓦尔德在8年前并未注意到他的求职申请。奥斯特瓦尔德现在将爱因斯坦的相对性原理视为自然科学领域中的一个重要概念，称它可与能量守恒定律相提并论。马克斯·普朗克在纽约哥伦比亚大学讲学时忽略了庞加莱的贡献，对爱因斯坦关于时间概念提出的新的论断赞不绝口，他说："就其大胆程度而言，它超越了迄今为止在推测性的自然科学研究中所取得的一切成就，甚至在哲学认识论中也是如此；与之相比，非欧几里得几何学就像是小孩子的游戏。"

1910年7月底，阿尔伯特·爱因斯坦的第二个儿子爱德华在苏黎世出生了。起初，母子两人的身体似乎都出现了问题，所以他有一段时间取消了与康拉德·哈比希特或与路德维希·霍普夫的家庭音乐晚会。爱德华虽然有很高的天赋，但由于身患疾病，注定一生悲惨。与妻子分开后，爱因斯坦认为他能预见到这一点："他不可能成为一个完整的人。"

1910年秋天，爱因斯坦招收了第一个，也是他一生中唯一一个博士生汉斯·坦纳（Hans Tanner），他后来成了温特图尔职业技术学校的教授。因为坦纳不愿随爱因斯坦去布拉格，于是他转到了巴塞尔大学，并在那里提交了博士论文。在此期间，爱因斯坦收到了布拉格德语大学的教席教授[1]任命，在经历了一些困难之后，他接受了邀请，因为他是一个外国人，而且带有"犹太血统"。他在苏黎世的宗教登记是无教派人士，以这个身份他无法获得这个职位。因此，他在官方文件中称自己信奉犹太教（mosaisch）。成为教授之后，爱因斯坦自动获得了奥地利公民身份。1911年夏季学期开始，即在4月1日，爱

1　相当于中文里的正教授。——译者注

因斯坦在布拉格上任，同时成为新成立的理论物理研究所所长。

米列娃对新的环境并不感到高兴；这里的水必须煮开，到处是臭虫，空气里弥漫着褐煤燃烧的气味。爱德华总是头痛，还得了中耳炎。作为一个塞尔维亚人，她被夹在少数德国人和占多数的捷克人之间。爱因斯坦在与这些人打交道时也感到很奇怪，他说："这些人根本上缺乏自然的情感，冷酷无情，是一种带有阶级的傲慢和奴性的奇怪混合体，对周围的人没有任何仁慈之心。"同样让他感到不满意的是这里大部分人都不会说德语，而且对德国人怀有敌意。他在提到大儿子的时候说道："一切都是拜占庭式的，僧侣式的。我家大宝贝儿必须去上天主教的宗教课，而且——可怕的是——还得去教堂。"另外，爱因斯坦在给他的朋友贝索的信中说，他很喜欢他的职位和在这里的研究所。他有一个藏书丰富的图书馆，"有机会沉浸在科学的思考中，不受干扰"。他曾在研究超低温条件下的固体比热时开拓性地运用了量子假说，现在他正在努力将其扩展应用于固体的导热性研究。比热是指将物体升温一度需要的能量。通过对晶体原子晶格振荡的量子探测，爱因斯坦已经可以对观察结果做出初步解释，这些观察结果表明，当温度趋近于零时，晶体的比热也必定趋于零。他在苏黎世的私人助理路德维希·霍普夫代替了汉斯·坦纳，跟随他去了布拉格，负责研究量子问题。爱因斯坦现在对如何将引力纳入狭义相对论的框架越来越感兴趣。他在布拉格完成了这项研究的初步准备工作，比如与时间无关的引力场问题。

爱因斯坦通过贝尔塔·范塔（Berta Fanta）组织的两个沙龙活动接触到了犹太人的社交圈，她是一个药剂师的妻子，一位爱好神智学[1]的女权主义者。来参加她的交流会和音乐晚会的有两位精通哲学的图书馆管理员，也是坚定的犹太复国主义者，他们是胡戈·贝格曼（Hugo Bergmann）和菲利克斯·韦尔什（Felix Weltsch），还有作家及音乐评论家马克斯·布罗德（Max Brod）和他的一位性情腼腆的朋友，波西米亚王国普通事故保险公司的职员，在文学道路上摸索前行的作家弗朗茨·卡夫卡（Franz Kafka）。来自自然科学领域的有物理学家菲利浦·弗兰克（Philipp Frank）、非犹太裔德国数学家格哈德·科瓦列夫斯基（Gerhard Kowalewski）以及阿尔伯特·爱因斯坦。当时，爱因斯坦对犹太复国主义还丝毫不感兴趣，他在后来给黑德维希·玻恩（Hedwig Born）的信中这样写道："对了，我想我在布拉格见过这个人（马克斯·布罗德）。他一定在那个主张犹太复国的哲学小圈子里，这个圈子里的人松散地聚集在那位大学哲学教授周围，看着很像一群中世纪时不谙世事的小人物。"

1911年10月底，爱因斯坦受到邀请在布鲁塞尔举行的第

1　神智学（Theosophie）来源于希腊文 θεοσοφία（"神的智慧"之意），是一种宗教哲学和神秘主义学说，认为史上所有宗教都是由久已失传的"神秘信条"演化出来的。——校者注

一届索尔维会议上发表演讲，这再次表明他的知名度在不断升高。物理化学家瓦尔特·能斯特（Walther Nernst），自1905年起被柏林大学任命为教授，他成功地说服了比利时的化学家、工业大亨，也是本次大会的赞助商欧内斯特·索尔维（Ernest Solvay），让他邀请欧洲的顶级物理学家来讨论当代物理学问题。布鲁塞尔的大会主题是"辐射和量子理论"，亨德里克·A.洛伦兹（Hendrik A. Lorentz）担任大会主席，与会者都是顶尖的科学家，大会因此取得了圆满成功。在欢迎来自6个国家的25位来宾时，能斯特说道："……普朗克和爱因斯坦的基本而富有成效的观点应该作为我们讨论的基础，我们可以对它们进行修改和完善，但我们不能忽略它们……"爱因斯坦在大会上认识了巴黎的物理学家保罗·朗之万（Paul Langevin）和孀居的诺贝尔奖得主玛丽·居里（Marie Curie）。1908年，朗之万在一篇关于布朗运动的论文中提出了一个随机受力的粒子运动方程，今天这个方程以他的名字命名。一战之后，朗之万成为一名和平主义者，并与爱因斯坦成为朋友。他对这次大会的总结并不乐观：人们对量子的认识还没有取得进展。

刚到布拉格，爱因斯坦就在忙着应付乌得勒支的邀请，早在1911年8月他在苏黎世时就接到了这个任命；莱顿的洛伦兹也向他发来邀请。苏黎世的好友及同事马塞尔·格罗斯曼和医学博士海因里希·赞格尔（Heinrich Zangger，1874—1957）都在急切地想请他回去。爱因斯坦巧妙地利用了两边的机会，在玛丽·居里和昂利·庞加莱等权威人士的积极推荐下，1912年2月，他稳稳地拿到了苏黎世的正教授职位。维也纳的理论物理学家保罗·埃伦费斯特（Paul Ehrenfest，1880—1933）曾多次来到布拉格拜访他，这对他之后的人生有着不同寻常的意义，他后来成了爱因斯坦亲密的朋友。

爱因斯坦从布拉格出发前往柏林，米列娃和孩子们没有随行，他在大学和帝国物理技术研究所里和一些非常杰出的同事进行了学术讨论：弗里茨·哈伯（Fritz Haber）、瓦尔特·能斯特、马克斯·普朗克、海因里希·鲁本斯（Heinrich Rubens）以及埃米尔·瓦尔堡（Emil Warburg），此行主要是因为他与能斯特有一个争论。他之前曾在给他的朋友海因里希·赞格尔的信中写道："最近，我正在和能斯特进行一场很不愉快的争论，他觉得非常生气，同时也很无礼，主要是因为我对他神圣的热定律提出了大胆的质疑。"这条基本热定律指出，一个处于温度平衡的系统不可能达到绝对零度。

当然，爱因斯坦也拜访了他在柏林的亲戚，即夏洛特堡的舅舅雅各布·科赫、在舍讷贝格（Schöneberg）巴伐利亚住宅区的法妮阿姨和姨父鲁道夫·爱因斯坦，他甚至可能就住在他们家。鲁道夫的女儿艾尔莎·勒文塔尔（Elsa Löwenthal）已经离异，她带着两个女儿伊尔泽（Ilse）和玛戈特（Margot）也住在这栋楼里。自年少时起，爱因斯坦就再也没有见过这位表姐。他们一定是在去万湖郊游时变得十分亲密。一周后，他从布拉格给艾尔莎写信说道："在这短短的几天里，我就爱上了你，以至于我无法向你开口……"，"很遗憾，我们不住在同一个城市。可惜我被调去柏林的可能性很小……"。后面这句话并不完全属实，因为瓦尔堡曾在柏林向爱因斯坦发出邀请，请他去帝国物理技术研究所工作。他拒绝了：单凭艾尔莎一个人是无法吸引他的，必须还要有比苏黎世更好的工作条件。

科学工作占据了他大量的时间，他也经常不在家，这让他们的夫妻关系变得更加疏远。物理学已不再是他们共同的爱好；他们也不能在一起演奏音乐，因为米列娃不会乐器。1911年底，爱因斯坦在信中称呼她为"亲爱的老婆"，而米列娃称他为"亲爱的老爸"，这是孩子们对他的称呼；她在信末给他送去"许多问候"，而他则给她和孩子们送上了热烈的亲吻。他继续在布拉格与艾尔莎秘密通信，1912年夏季学期后他离开了这里。

在去布拉格接替爱因斯坦的人选中，他首先推荐的是保罗·埃伦费斯特和菲利浦·弗兰克。埃伦费斯特很快就被淘汰了；他和爱因斯坦一样是犹太人，但不同的是，他非常顽固地拒绝对外宣告自己的宗教派别。1904年，他在维也纳与信奉基督教的俄罗斯大学生塔季扬娜·阿法娜斯耶娃（Tatjana Afanassjewa）公证结婚时不得不声明自己不信教，因为当时犹太教徒和基督徒不能联姻。爱因斯坦称埃伦费斯特的态度很"古怪"。这也可以从不同的角度来看：埃伦费斯特已经受够了这种有失体面的你来我往。于是，弗兰克成为爱因斯坦在布拉格的接班人。

量子理论似乎没有继续发展的可能。因此，回到苏黎世后，爱因斯坦开始计划研究将牛顿的引力理论扩展为一套与相对性原理相容的理论。这意味着，两个物体通过引力对彼此的作用不再是瞬时发生的，而是存在一个很小的时间差，这与引力的传播速度相关。我们可以自然地认为，这种传播速度与电磁波在真空中的传播速度，即光速是一致的。爱因斯坦将闵可夫斯基的间隔度量进行了推广，使光速取决于引力场。这是一种误解，但爱因斯坦因此想到，他在大学时曾在关于高斯曲面理论的讲座课上看到过类似的距离公式。他向他的朋友格罗斯曼求助，当时他已是苏黎世联邦理工学院的数学教授，格罗斯曼向他介绍了一套用于任意维度的弯曲空间的理论，这个理论是由高斯（Gauss）创立的，后来受到伯恩哈德·黎曼（Bernhard Riemann）和意大利的微分几何学家里奇（Ricci）和列维·奇维塔（Levi Civita）等人的关注而得到进一步发展。闵可夫斯基的间隔度量被一个更普遍的形式取代，这意味着，空间和时间间隔，即时钟的读数与长度的度量，都取决于引力场。现在，这个间隔度量既体现了时空的几何学，也体现了引力的势能。此处不再是单一的牛顿势能，而是出现了多种势能形式。他与格罗斯曼开始了密切合作，1913年，他们共同发表了论文《广义相对论和引力论纲要》，内容十分全面。格罗斯曼负责数学部分，爱因斯坦负责物理部分。

波茨坦一位年轻的天文学家埃尔温·芬莱-弗罗因德利希（Erwin Finlay-Freundlich，1885—1964）对爱因斯坦关于引力的想法充满热情，希望可以参与他的验证实验。但在1913年，理论家们对新的引力理论的关注度仍然很低。这套理论的核心是玻尔的原子模型，其中提到了他对最简单的原子，即氢原子的结构的看法。一个带负电的电子将沿着能量值不等的轨道围绕由带正电的质子构成的原子核运行。玻尔提出，是电子可以自发地从一条轨道"跳"到另一条轨道。在这里，我们看到了一个经常出现在当今广告语中的词汇"量子跃迁"。相邻轨道的能量值差异应该与辐射的频率成正比，这种辐射正是我们观察到的光谱线。虽然现在对氢原子的辐射光谱可以进行定量分析，但它并没有解释玻尔的假设。

1913年，爱因斯坦和米列娃的关系彻底破裂。他向艾尔莎·勒文塔尔坦言，他对待自己的妻子就像对待雇员一样，只是不能解雇她。他说："我有自己的卧室，避免与她单独相处。这样的话，我可以很好地忍受和她'一起生活'。"米列娃或许想起了他12年前说的话："只要我们活着，就一直做个大学生吧（horribile dictu）[1]，别去管这外面的世界了。"现在，他关心的是他的研究工作和他在学术界因此迅速上升的地位。后来，

---

1 拉丁语："说这句话，真可怕"的意思。——校者注

他的第二任妻子成了他的仰慕者，照顾他的起居，为他料理家务；他保留了一间自己的卧室。我们从下面这件事可以看出爱因斯坦夫妇的不和，他们一家在诺维萨德（Novi Sad）拜访米列娃的父母时，汉斯·阿尔伯特和爱德华·阿尔伯特按照东正教的仪式接受了洗礼。米列娃和阿尔伯特原本计划一同前往维也纳，他将在德国自然科学家和医生协会（GDNA）的会议上发表演讲。然后他们想从诺维萨德的父母那里接回孩子们，和他们一起返回苏黎世。阿尔伯特一定是改变了主意：他现在想从维也纳前往柏林，去为一份新工作进行谈判。临行前的晚上，阿尔伯特和米列娃可能当着马里奇一家和孩子们的面发生了激烈的争吵，最后爱因斯坦独自去了维也纳和柏林，当然也去看望了艾尔莎。米列娃不得不独自带着两个儿子返回苏黎世。

1913 年 1 月，弗里茨·哈伯向普鲁士教育部提议，邀请爱因斯坦来柏林。他将在科学院接替最近去世的荷兰化学家、诺贝尔奖得主范特霍夫（van't Hoff）的席位。在此，白炽灯公司（奥尔、欧司朗）和一家银行的创始人，富商利奥波德·科佩尔（Leopold Koppel，1854—1933）发挥了重要作用。1912 年，他的科佩尔基金会出资 100 万马克，为在柏林 – 达勒姆（Berlin-Dahlem）建立的威廉皇帝物理化学和电子化学研究所提供支持，他们要求哈伯担任所长。此后，在为期 12 年的时间内，科佩尔还将由科学院支付给爱因斯坦的工资翻倍。他们还讨论了成立物理研究所的问题。6 月初，普朗克、能斯特、鲁本斯和瓦尔堡向科学院正式提出申请，将爱因斯坦请进科学院。爱因斯坦"在青年时代就已经在他的专业领域里闻名世界了"。之后，狭义相对论、光量子假说在固体比热上的应用以及光电效应的运用也备受瞩目。对于量子假说，他的某些推测"或许偶尔也超出了目标"。7月的一个周末，普朗克和能斯特两人偕同夫人来到苏黎世，给爱因斯坦带来了这份工作邀请，请他去柏林大学担任教授，但不用承担任何教学任务，他们希望他可以接受这个邀请。爱因斯坦高兴地和艾尔莎说道："这么看来，最迟明年春天，我就会一直待在柏林了。这是赋予我的一份巨大的荣誉……我已经开始期盼和你在一起的日子了！"然而，他并不确定自己是否能像他的柏林同事们可能期待的那样，再"下一个金蛋"。

1913年12月，他接受了科学院的聘请。他派"员工"米列娃去柏林安排住处。1913年圣诞节刚过，米列娃就带着不安的心情顺从地出发了，她住在哈伯家，租到了第一套公寓。爱因斯坦平静地告诉艾尔莎："我妻子不停地跟我哭诉，说她不喜欢柏林，害怕那些亲戚。她觉得自己被针对了，担心3月底将是她最后安宁的时刻。这里面有一些是实话。我母亲本来是个善良的人，但作为婆婆，她是一个真正的恶魔。……对了，米扎[1]是这世上最爱生气的醋坛子。我害怕看到她和你见面。

---

[1] 米列娃的昵称。——校者注

哪怕她只是从远处看见你，就会缩成一团的。"

　　10年过去了，爱因斯坦步步高升，从伯尔尼专利局的一名普通公务员成为德国最负盛名的大学的正教授，成为莱布尼兹创立的普鲁士皇家科学院里的正式成员，并成为正在筹建中的威廉皇帝物理研究所的所长。这些成就源于他非凡的才智和强大的自信；然而，没有人可以预见到他的这番发展。爱因斯坦也许料到了他要付出的代价，他选择接受它。

第五章 ——————————— **名扬世界**

爱因斯坦在柏林刚安顿好，就发生了两件不幸的事：随着与妻子和孩子们的分开，他的婚姻在不和谐中收场，普鲁士在半分清醒、半分意外的状态下陷入了"一战"。爱因斯坦从莱顿拜访了埃伦费斯特后于3月的倒数第二天抵达这座城市。埃伦费斯特当时接替了著名物理学家亨德里克·A.洛伦兹（Hendrik A. Lorentz）的职位。在舅舅科赫家住了一个星期后，家具终于到了，接着爱因斯坦搬进了米列娃为他安排的公寓，这离哈伯在达勒姆的研究所很近。由于爱德华得了百日咳，米列娃不得不带他去洛迦诺疗养；因此她推迟了两个星期才前往柏林。此时阿尔伯特"满心期待"着，可以和表姐艾尔莎过几天无人打扰的日子。

他在柏林与妻子和孩子们一起生活了两个月后，一切就开始乱套了：爱因斯坦一连数日不知去向。米列娃应该猜到，他住到了亲戚家，表姐艾尔莎是主要的吸引力。接着，他没有询问米列娃就为这套公寓寻找合租者。她没有忍气吞声。争吵过后，阿尔伯特开始只用书面的方式和她对话，他写道："你必须保证我的衣服和被褥的整洁，保证按时将三餐送到我房间，保证我的卧室和书房的整洁，特别要提醒的是，我的办公桌别人不能使用。"她不可以与他有任何亲密的关系，"除非在社交场合有这个必要"。她不可以要求他温和有礼，也不能对他加以指责。如果他要求她住嘴，她就不可以再和他说话。在哈伯妻子克拉拉·伊梅瓦尔（Clara Immerwahr）的邀请下，米列娃带着孩子们搬到了他们家。他们向律师咨询确定了离婚后爱因斯坦的抚养义务。7月末，一切都已准备就绪，他们的朋友米歇尔·贝索将米列娃和孩子们接回了苏黎世。之后爱因斯坦把家具寄走了。据艾尔莎回忆，他在火车站痛哭了一场。这当然是因为孩子们，因为与米列娃分开后他就没有了精神负担。"我再也无法忍受这个女人了"，他在给他的朋友赞格尔的信中如是写道："现在我很难理解，为什么这么久以来我都没有找到道德的力量来做出这个决定。"尽管他在柏林市中心感到很孤独，但他不是一无所有，他说："有个女人让我的生活温暖起来，我觉得和她很亲近，……是一个和我年纪差不多的表姐。她是我去柏林的主要原因。"

8月1日，德国向俄罗斯宣战，两天后又向法国宣战。动员大会之后，城市里到处都是向火车站行进的士兵，他们在路人的欢呼声中，个个欢欣鼓舞。人们高呼："上帝惩罚英格兰！"明信片上面写着："一枪一个法国人，一枪一个俄国人！"爱因斯坦觉得"世界现在的模样非常恐怖！没有一片土地是可以保留人类情感的文化岛屿。除了仇恨和对权势的欲望，什么都没有！正义在哪里？这个问题纯粹是个笑话。大家像外来者一样生活在这个星球上……"。科学院和大学的同事们也没有给他丝毫慰藉。就连马克斯·普朗克也签署了《告文明世界书》(*Aufruf an die Kulturwelt*)，93位德国和奥地利的杰出的科学家、作家和艺术家将德国在比利时犯下的战争暴行全都归罪于敌人，认为德国的军队和人民是一体的。少数人仍在冷眼旁观，比如哥廷根的著名数学家大卫·希尔伯特（David Hilbert）和柏林的历史学家汉斯·德尔布吕克（Hans Delbrück）。巴黎科学院将所有支持这份声明的德国成员都赶了出去，科学哲学家皮埃尔·迪昂[1]（Pierre Duhem）认为"德国的科学"（Deutschen Wissenschaft）比不上法国的"灵巧智慧"(esprit de finesse)，这些事实都符合当时的情况。一些普鲁士军国主义的反对者在一个新成立的协会中聚到一起，它的名字很有象征意义，叫"新祖国同盟"(Bund Neues Vaterland)，爱因斯坦和艾尔莎·勒文塔尔也于1915年春天加入了这个组织。通过这个协会，爱因斯坦结识了一些来自其他领域的同道中人和知名人士，比如凯斯勒伯爵（Kessler）、凯特·珂勒惠支（Käthe Kollwitz）、亨利希·曼（Heinrich Mann）以及马克斯·佩希斯坦（Max Pechstein）。这个拥有众多社会关系的协会试图通过向国会提交备忘录和建议来影响政府决策。他们讨论了德国的民主化问题和保护资产阶级的普鲁士选举法的改革问题。这

---

1 皮埃尔·迪昂著有《德国的科学》，从标题上看，他似乎是针对德国而言的，实际上论述的是整个科学或世界科学，而不是狭隘的地方科学。——译者注

些诉求完全符合爱因斯坦的理念。因为他在战争期间忙于密集的研究工作而没能成为一个实践型的和平主义者，他最终完成了广义相对论。作为瑞士公民，他没有受到直接影响；那些适龄的德国同事都被征召入伍了。这个协会早在1916年6月就被取缔了。

上文提到的爱因斯坦和格罗斯曼的论文标题表明，文章应该结合了两个想法：一方面是将原本只允许观测者处于匀速直线运动状态的"惯性系"推广为具有任意相对加速度的局部定义的参照系；另一方面是提出一个相对论意义下的引力理论的要求。爱因斯坦将伽利略的惯性质量和引力质量的等价原理作为他的引力理论的基础，他做了一个自由下落的电梯（密封舱）思想实验，在这个电梯里，人在很小的空间里和在很短的时间内感受不到重力。牛顿在他那个时代就已经利用当时的测量手段验证了这个等价原理。对于相对论而言，这意味着，广义的间隔度量和狭义相对论中的度量必须在时空中的某处相吻合。关键问题是应该通过哪些公式来进行广义的间隔度量。1912年到1915年间，爱因斯坦为探求这个问题发表了多篇论文。由于像地球和太阳这样的质量会产生引力场，因此间隔度量的形式必定取决于一个重力可测的区域内的质量分布。因此，爱因斯坦最初认为，没有质量就不可能有引力场。此外，在临界低速的情况下，从他的新理论中应该可以推导出牛顿的引力理论。1915年6月，在哥廷根发表演讲并与数学家大卫·希尔伯特讨论之后，他在11月底有了突破，提出了著名的"爱因斯坦场方程"。数学家希尔伯特可能先一步推导出了方程，但比爱因斯坦晚一步发表他的结论。

无论是厨房秤，还是一栋楼房，它们的重力产生的效应都太小了，无法在日常生活中造成任何超越牛顿理论的明显影响。但是地球、行星和太阳就不一样了！爱因斯坦的理论预言了3个在地球上可以观测到的新效应。第一个是引力红移，是指引力场对来自太阳或其他恒星的辐射频谱的影响；它们的波长会向光谱的长波端移动。这也可以用原子钟来验证：在地球的引力场中，海边的时钟比罗莎峰[1]上的走得慢一点。第二个效应与行星围绕太阳的运行轨道有关。根据牛顿的万有引力理论（开普勒定律由此而来），这些轨道是椭圆的。在这个椭圆轨道上有一个离太阳最近的点，即近日点，对于太阳来说，它在时间上是保持不变的。但根据爱因斯坦的理论，行星每转一圈，近日点会随着微微地移动。天文学家通过200多年来对水星的观察发现了这个效应，但在爱因斯坦之前，对此一直没有结论性的解释。

第三个效应对爱因斯坦名扬世界起到了最关键的作用，即太阳边缘的光线偏折。如果光由光量子表示，那么这些光量

---

1 罗莎峰（Monte Rosa），也作罗萨峰、罗莎山、蒙特罗莎峰，位于瑞士和意大利交界处，有数座海拔超过4500米的高峰，其中最高点杜富尔峰（pointe Dufour）海拔4633.9米，为瑞士最高点，也是阿尔卑斯山脉第二高峰。——校者注

子就拥有能量E以及根据方程式 $E = mc^2$ 计算可得的引力质量（m：惯性质量等于引力质量）。这个引力质量被太阳的质量吸引，光量子因此"偏"向太阳。这种现象表现为在星空背景中光的偏折。太阳背后的恒星发出的高能光在接近太阳边缘时会向太阳方向发生最大程度的偏移，因为太阳的引力是在向外迅速减弱。然而，当时只能在日全食期间，即月亮的圆盘挡住了更加明亮的太阳时，才能看到这些光线。为了观测这个效应，必须对星空进行两次拍摄，第一次在日全食期间，第二次是在日全食之前或之后，无论如何，在太阳移出这个星空背景时一定要进行拍摄。拍摄结束后，对比摄影胶片，或现在使用的电荷耦合器件相机（CCD-Kamera）的拍摄结果，同时测出星光的偏移。因为日全食并不常见，有时只出现在地球上一些偏远之地，因此在爱因斯坦那个时代，测量是一件耗资耗力的事情。

广义相对论取得突破之后，爱因斯坦已经筋疲力尽：他下了一个"金蛋"。他向他的同事佐默费尔德坦言："但有一点是肯定的，那就是我这一生中还从来没有如此折磨过自己，而且我对数学充满了敬意。"他得到了他这一生中最大的满足，"即使目前还没有同行的专家认识到这条路的深远性和必要性"。特别是马克斯·普朗克和马克斯·冯·劳厄，他们"无法接受这些基本的思考方式"。不过，他为新理论的宣传尽了自己最大的努力。1916年3月，他在《物理学纪事》上为同行们做了系统的阐述。12月，菲韦格出版社就出版了他为大众编写的小册子《狭义与广义相对论浅说》！

　　1915 年 10 月，在他对广义相对论进行最后冲刺的时候，歌德联盟[1]的柏林分部邀请爱因斯坦发表他对战争的看法。与最初的内容相比，他去掉了一些段落，比如将民族主义比喻成一个柜子，里面"藏着残暴的仇恨和大规模杀戮的道德工具"，但他坚持认为，战争是阻碍人类发展的最大的敌人之一。人类必须竭尽所能阻止它。时局虽然悲惨，但他坚信，欧洲将建立起一种国家组织，"它将阻止欧洲的战争，就像现在德意志帝国阻止了巴伐利亚和符腾堡之间的战争一样"。至于为何会有这场正处于白热化阶段的战争，他只字未提。爱因斯坦的这份声明预示了他后来所有声明中的一些基本思想：它们主要是高度的道德呼吁，而不是政治声明。他以前不是，后来也没有成为一个着眼于政治思考的人。因此，1916 年，他对赞格尔表示希望和平尽快到来。1933 年，希特勒（Hitler）的上台出乎他的意料，他在"二战"爆发前 3 个月认为局势已经好转，而且他错误地估计了以色列的发展。他的表现也并非前后一致。作为一个和平主义者以及战争暴行的反对者，爱因斯坦并没有与弗里茨·哈伯断绝来往，他是研究使用化学毒气武器的发起人和领导者。一战的时候，爱因斯坦在巴黎的同行保罗·朗之万

1　歌德联盟（Goethe-Bund）成立于 1900 年 3 月。最初是为了反对戏剧审查制度而成立的，目的是汇集知识界和艺术界的所有力量，确保艺术和科学的自由。——校者注

做过用超声波探测潜水艇的研究工作。相比之下，爱因斯坦设计的可能在战争中起作用的改进型飞机机翼则显得微不足道。当时，这个机翼实际上已经生产出来并进行了测试，但结果却是"巨大"的失败。爱因斯坦对飞行技术一无所知。相比之下，他与一家为海军（尤其是他们的潜水艇）生产陀螺仪的制造商的合作更具成果，爱因斯坦还因此获得了一项专利，但这是一战之后的事了。

作为瑞士公民，爱因斯坦可以进入中立国，他在1916年春天去了苏黎世，在那里他又见到了他的孩子们。秋天，他去了荷兰，与埃伦费斯特、洛伦兹和天文学家威廉·德西特（Willem de Sitter）进行了学术讨论。战争还在继续，在接下来的几年中，他从引力理论中得出了一些结论。首先，他表明，差不多可以从他的场方程中推导出引力波（或称重力波）。1918年，他提出了一个加速质量的辐射能量公式。迄今为止，我们只在特定的双星系统周围间接地探测到了引力波。多年来，我们一直在尝试用特殊的探测器在地球上进行直接探测，但尚未取得积极的结果。我们通过广义相对论来研究通过引力相互作用的最大质量系统，即恒星，星系甚至更大的被称为太空或宇宙的结构，广义相对论在这方面的运用定义了宇宙学的学科领域。当时爱因斯坦认为，只能用一个在时间上恒定不变的宇宙模型来描绘这个世界，他在1917年提出了这个模型。在此基础上，他提出了一个新的"自然常数"，即宇宙常数，这个常数后来被弃用了；但今天它又被恢复使用了。爱因斯坦的宇宙模型很快就被宇宙大爆炸模型取代了。它应该代表了一个空间无限延伸、加速膨胀的宇宙。这个模型表明，一个亚核尺度的高温宇宙在绝热膨胀后逐渐冷却，直到今天，宇宙背景的辐射温度只有几开尔文了。目前的宇宙大爆炸模型必须要面对的难题是，宇宙中高达95%的质量是未知或来源不明的状态。

爱因斯坦在苏黎世的朋友弗里德里希·阿德勒希望尽快实现和平，他因恢复议会的集会遭到禁止而被激怒，于1916年11月在维也纳的一家酒店里开枪射杀了当时铁腕执政的奥地利总理。阿德勒先是被判死刑，之后又被判处18年要塞监禁。他在狱中研究了相对论，最终否定了这个理论。爱因斯坦在他服刑期间曾站出来为他奔走并与他通信。1917年初，爱因斯坦病得很重。他本来就有胃病，柏林食物短缺，这不足为奇。在1916年到1917年饥寒交迫的冬天，他得了胃溃疡、十二指肠溃疡、黄疸病和胆绞痛。在规定的卧床治疗期间，表姐艾尔莎对他悉心照料。秋天，他搬进了艾尔莎家隔壁的一个公寓。他急需的饮食只能依靠从瑞士寄来的食品包裹。到了春天，他的病情大为好转，可以去苏黎世旅行了。他在那里看望了孩子们，和他们一起去了阿罗萨山区，并将爱德华送到了一家儿童疗养中心；他担心爱德华患上了肺结核。他还与朋友和律师讨论了向苏黎世的家人提供抚养金的问题；整个战争期间，他与赞格尔在通信时一直都在谈论这个话题！虽然爱因斯坦薪水丰厚，但是由于瑞士法郎迅速升值，他遇到了财务困境。他建议米列娃搬来德国，住到卡尔斯鲁厄的亲戚马克斯家里以节省开支，米列娃拒绝了这个提议。她也不同意离婚，艾尔莎的家人因为这个问题不断地在给爱因斯坦施加压力。尽管如此，在对他恳求之后，他始终在履行对米列娃和孩子们的责任。

　　虽然爱因斯坦有厌恶德国军事的心态，而且那里物资短缺，但他觉得和艾尔莎以及柏林的同事们十分亲密，因此他拒绝了苏黎世联邦理工学院和苏黎世大学对他的联合邀请，这是一个非常好的机会。但是他们达成了协议，爱因斯坦每年将定期去苏黎世举办讲座周活动。在战争的推动下，计划中的威廉皇帝物理研究所终于在1917年10月1日成立了。一位工业大亨向威廉皇帝学会捐赠了50万马克的战争债券，这笔款项的利息将用于物理研究。爱因斯坦作为所长，现在有5000马克的额外收入；他在研究所里几乎没有什么工作，因为预算最初是以研究拨款的形式支出的。研究所没有办公楼，也没有雇员。爱因斯坦在家办公，继女伊尔泽作为他的打字员，这些就足够了。

　　1918年，爱因斯坦有了进一步的康复，他说："我现在对自己的健康非常满意。一方面可能是因为我经常躺在阳台上晒太阳吧。……最近我比较懒散，很少劳累……"他在经济上的压力也因为获得了两个大奖而被解除了。在对米列娃加以威胁后，他们在财务问题上达成了一致。赞格尔认为，这好比"在没有给予警告的情况下拿刀指着她的喉咙"。米列娃应该会获得足够的生活费以及他有望获得的诺贝尔奖奖金。1918年，苏黎世向柏林发出司法协助，爱因斯坦将他与表姐艾尔莎的婚外情作为离婚理由提交给了柏林舍讷贝格法院。1919年6月，阿尔伯特在柏林再婚；他在普鲁士不必遵守瑞士对过错方实行的两年婚姻禁令。与米列娃一样，艾尔莎也比阿尔伯特大3岁。她的嫁妆是10万马克有价证券，早在1918年底，爱因斯坦的叔叔鲁道夫就将这笔钱转到了他的账户。

经过6年的相处，爱因斯坦对艾尔莎已经没有了爱意，正如他的继女伊尔泽在1918年5月写给一位好友的信中所显示的那样，她说："您还记得我们那天在谈论阿尔伯特和我妈妈的婚事，您告诉我，您认为我跟阿尔伯特更合适结为夫妻。直到现在，我还从来没有认真地想过这个问题。昨天突然有人问阿尔伯特，他想和妈妈还是和我结婚。起初，这是个半开玩笑的问题，几分钟后就成了一个严肃的话题……阿尔伯特自己拒绝回答，他愿意娶我，也愿意娶妈妈……"一年后，爱因斯坦做了决定：艾尔莎赢了。她把丈夫捧上了天，体贴他，并且对他那些数不清的风流韵事，她不得不学会去容忍。

随着德国的投降，战争结束了，爱因斯坦如释重负，他欣喜地看到民主化有了新的机会。此时我们可以看到，在这期间他开始意识到了自己的犹太身份。早在1919年2月，他就参加了在医学教授利奥波德·兰道（Leopold Landau）的柏林公寓内举行的关于成立"犹太科学研究院"的集会。他可能还参加了第十六届大会和1919年5月举行的德国犹太复国主义协会的"巴勒斯坦代表大会"，但可能还没有对犹太复国主义表示认同。直到"十一月革命"[1]之后，他才公开表态。他在1919年12月30日的《柏林日报》上发表了一篇题为《东方来的移民》的文章，对柏林猖獗的反犹太主义，尤其是对"东方犹太人"的恶劣行径进行回应。爱因斯坦在柏林没有加入任何犹太组织；他不遵从任何宗教礼俗和信条。

　　11月发生了几件大事让他激动不已。他在给母亲的信中写道："现在我在这里感觉更好了。（帝国的）崩溃真让人感到惊奇。在学术界，我是那种超社会主义者。"解禁的"新祖国同盟"呼吁在国会大厦附近举行大规模集会。据马克斯·玻恩回忆，他和爱因斯坦以及心理学家马克斯·韦特海默（Max Wertheimer）一起来到国会大厦，为被激进学生拘押的柏林大学校长向学生会求情。尽管或者说由于当时情况混乱，他们才得以"表明他们对大学的关切"，成功解救了校长。在"新祖

1　十一月革命（November revolution），又称"德国一九一八至一九一九革命"，是德国在1918年与1919年发生的一连串事件，致使帝制被推翻以及共和国的建立。1918年10月29日至11月3日，基尔港首先发生起义。11月8日，工人与士兵的议会已占领了德国西部的大部分，为"议会共和"做准备。11月9日，威廉二世被迫退位，德意志帝国灭亡。11月11日，德国宣布无条件投降，一战结束。——校者注

国同盟"的另一次活动中，爱因斯坦应该发表了讲话，从一份现有的演讲稿上可以看出，他反对无产阶级专政，呼吁迅速召开制宪会议。他认为，暴力只会引起仇恨和反抗。

　　1918年10月1日，埃尔温·芬莱－弗罗因德利希成为爱因斯坦在威廉皇帝物理研究所的同事。为验证太阳边缘的光线偏折假说，1914年7月，弗罗因德利希与波茨坦巴伯尔斯山天文台的两名工作人员一起前往克里米亚半岛[1]观察日全食。战争的爆发让观测小组始料未及；他们在俄罗斯被关押了起来。英国的天文学家也在着手观察光线的偏折。战争期间，"皇家天文学家"弗兰克·戴森（Frank Dyson）和贵格会教徒、拒绝服兵役的理论物理学家亚瑟·S.爱丁顿（Arthur S. Eddington）为1919年5月的下一次日全食准备了两次考察行动。一个小组去了巴西北部的索布拉尔地区，另一个小组去了非洲几内亚湾的普林西比岛。两个小组都带回了数据用于评估。爱因斯坦从荷兰的朋友那里听说了这两次观测计划，并于4月在柏林的一次演讲中提到了它们。《福斯日报》对此进行了报道，指出了5月初即将发生的日全食，并在观测当日向读者介绍了英国观测小组和他们的行动目的。秋天，当这些相当不准确的观测结果被公之于世，并被当作对爱因斯坦预言的确认时，媒体上掀起了一股议论热潮。1919年12月14日的《柏林日报》头版刊登

1　克里米亚半岛位于欧洲东部。——译者注

了爱因斯坦的画像，标题是："世界历史上的新伟人：阿尔伯特·爱因斯坦，他的发现代表了我们的自然观的彻底革命，与哥白尼、开普勒、牛顿的发现比肩。"爱因斯坦为《自然科学》(*Die Naturwissenschaften*) 杂志写了一篇实事求是的《更正》，这本杂志主要面向有一定专业素养的读者。他在文中指出，测量结果很分散，但他认为他的理论所预言的光线偏折得到了证实。用牛顿的理论也可以得出光的偏折，但其结果仅为爱因斯坦理论预测值的一半。今天的测量结果表明，爱因斯坦的数值准确度很高。爱因斯坦高兴极了，他给身患癌症的母亲写了一张明信片向她报"喜"，洛伦兹曾发来电报说，"英国观测队真的证实了太阳边缘的光线偏折"。她应该很欣慰，能在1920年2月临终前看到儿子的成就。苏黎世物理研讨会的同事们作了一首四行打油诗向他祝贺：

> 所有疑云尽消散，
> 真相终于被发现：
> 光线当然走弯路。
> 爱因斯坦名远扬！

在美国，爱因斯坦的声望也在迅速提高；流行杂志《科学美国人》(*Scientific American*) 这样评价爱因斯坦："……这位德国物理学家轰动性的崛起在科学史上实属罕见。(马戏团)

叫卖大王巴纳姆（Barnum）应该不可能发起一场比这更有效、更有价值的宣传活动了。"20世纪20年代初在波茨坦附近的特利格拉芬山（Telegraphenberg）上通过募捐建造的爱因斯坦塔至今仍令人惊叹，这是当时建筑师埃里希·门德尔松（Erich Mendelsohn）设计的一个超现代建筑，由此可见大众对他的普遍关注。这座塔存放着一台摄谱仪，用来检测太阳光谱上的引力红移。由于没有考虑到太阳表面的湍流，我们在二战之后才能在那里对这个效应进行测量。

第六章 ——————— 褒奖与攻击

　　媒体把爱因斯坦捧成了明星，这样的反响让他不知所措。他说："自从报纸上出现大量关于我的文章以来，我就被各种请求、邀请和要求淹没了，实在可怕，以至于夜里我梦见自己在地狱里饱受煎熬，邮差是魔鬼，他对着我不停地吼叫，把一包新的信件砸向我的脑袋，因为那些旧的我还没有回复。"一时间，爱因斯坦成为大众瞩目的焦点，这不仅仅与光线在太阳边缘偏折的预言得到验证相关，而且还与"相对论"这个词的滥用分不开，它的科学意义被套用到"所有事物的相对性"上，包括道德观念。

　　众多的赞美很快就被右翼"人民"政治阵营的唾弃声取代。1920 年 8 月，一位名不见经传的工程师保罗·魏兰德（Paul Weyland，1888—1972）邀请爱因斯坦去柏林爱乐音乐厅参加一个演讲晚会，他在会上想说相对论是"大众科学意识操纵"，而实验物理学家恩斯特·格尔克（Ernst Gehrcke），自 1911 年以来为狭义相对论的反对者，他想从专业的角度对"爱因斯坦的相对论"进行批评。魏兰德是德国国家人民党内民族种族主义派的一员；他在努力联合各类极右的反犹太主义团体，将它们组成一个"德国人民联盟"。在对晚会做宣传时，他并没有流露出他对犹太人的仇恨。演讲时，他没有从科学的角度批判爱因斯坦的理论，而是在批评该理论的作者狂妄自大，称他的理论就像"达达主义的胡思乱想"。格尔克的批评缺乏可靠的物理学依据：他并不理解相对论。据柏林多家重要日报报道，爱因斯坦的同事冯·劳厄、能斯特和鲁本斯都站在他这边。他们公开表示遗憾，"他的科学人格也受到了仇恨的攻击"。即使没有相对论，爱因斯坦的"其他科学成就也足以让他在我们的科学史上留下不朽之名"。爱因斯坦和他的两个继女在音乐厅当了一回被逗弄的听众，但他还是觉得受到了攻击，于是给《柏林日报》写了一封长长的回信。他认为他受到人身攻击是基于这样的事实，他是一个"思想自由的犹太人"，"不是一个德国民族主义者，无论他有没有纳粹十字徽章"。魏兰德轻松地回应说，爱因斯坦没有事实依据，就躲在反犹太主义的抗议声背后。事后，爱因斯坦给格罗斯曼写信说道："这个世界简直就是一个奇特的疯人院。当下，每个马车夫和酒馆服务生都在争论相对论是否正确，而决定胜负的是你属于哪个政治党派。"

在物理学界同样存在着诠释相对论的思想之争。9月，德国自然科学家和医生协会会议即将在巴特瑙海姆（Bad Nauheim）举行，爱因斯坦在报纸上发文邀请了一些对相对论提出异议且态度认真的批评者前来参加"相对论的讨论会"。在这里，一位实验物理学家，诺贝尔奖得主菲利浦·莱纳德，成为他在会上的主要对手。他提出了三条反对广义相对论的理由，其中只有一条是有意义的；然而，在这次讨论中，这条反对意见并没有被讨论，而是被搁置一边。莱纳德气愤地退出了德国物理学会，并且禁止其成员进入他的海德堡办公室。他没有就此罢手，而是再次瞄准时机，即1922年在莱比锡，他试图在报告厅门口发放传单，用一份19人联合签署的声明，来制造声势攻击爱因斯坦和他的学说。他想夺回舆论主导权，结果也失败了。爱因斯坦在物理学界的地位得到了进一步加强。10月，他将获得诺贝尔奖，尽管不是因为相对论，而是因为他对光电效应的解释。

　　家庭方面，爱因斯坦正在努力改善他和之前的家庭，尤其是与两个儿子的关系。巴特瑙海姆的会议结束之后，他和两个孩子来到施瓦本山区的本青根（今属温特林根），在牧师家度过了假期。他与天主教牧师、柏林普鲁士众议院的前议员卡米略·布兰德胡贝尔（Camillo Brandhuber）是朋友。他和艾尔莎谈起了美丽的住宿环境和"与孩子们一起穿越多瑙河谷"的精彩旅行，但同时他又与孩子们保持着距离。他说："小伙子们发育得很好……但我无法把他们当成我生命的延续，他们的双手又粗又大，尽管很聪明，却总有种说不出的四足动物般的特点。"

　　成名之后，爱因斯坦接到了许多讲学邀请，有一些来自国外。他在1920年就已经去过荷兰两次，在继女伊尔泽的陪同下去过挪威一次。1月，他在布拉格和维也纳举办了多次演讲，吸引了大量听众。随后在次年的4月和5月，他迎来了一次意义非凡的美国之旅。艾尔莎与他同行，在船上她有自己的房间，到达之后她有单独的酒店客房，她的任务是确保自己的丈夫一路上不被打扰。我们不清楚，她是否在准备这次旅行时劝说爱因斯坦，向邀请方大学索取一笔高额的讲学费。可以肯定的是，他想通过这次旅行获得2万到2.5万美元。不然，他就留在柏林。除了举办物理演讲，宣传相对论之外，这次旅行的另一个目的是为耶路撒冷的希伯来大学筹集资金。成功的化学家、伦敦世界犹太复国主义组织的主席哈伊姆·魏茨曼（Chaim Weizmann，1874—1952）陪在爱因斯坦身边。爱因斯坦给在布拉格时认识的，自1920年以来耶路撒冷的（以色列）国家图书馆馆长胡戈·贝格曼写信说道："我对巴勒斯坦的新殖民地的事务，特别是对即将成立的大学很感兴趣。"

最早向爱因斯坦介绍犹太复国主义的人里有一个铜版画制作师和画家，名叫赫尔曼·施特鲁克（Hermann Struck），他为爱因斯坦画过肖像。但这并不意味着，爱因斯坦是一个像特奥多尔·赫茨尔（Theodor Herzl）那样主张建国的犹太复国主义者。德国犹太复国主义的权威领导者库尔特·布鲁门菲尔德（Kurt Blumenfeld）赞成爱因斯坦的这次旅行，他提醒魏茨曼说："如您所知，爱因斯坦不是犹太复国主义者，请您别费心思去劝他向我们的组织靠拢了。"魏茨曼和布鲁门菲尔德都是政治犹太复国主义的领导者，而爱因斯坦一生都在追求文化犹太复国主义，他认为，这个位于巴勒斯坦的集体应该"向着祖先在《圣经》中提出的社会理想迈进，同时成为一个拥有现代精神文明的地方"。从1921年给物理化学家大卫·莱辛斯坦（David Reichinstein）的一封信中可以看出，爱因斯坦对犹太人的身份认同没有清楚的认识。他写道："我们犹太人在多大程度上应该把自己视为一个种族或一个民族，我们在多大程度上通过传统形成一个社会共同体，对此我还没有得出明确的判断。如果我们形成了一个或多或少有别于其他人类的群体，而且它的真实性不被人怀疑，这就足够了。"因为他自诩为世界公民，所以他不赞成在巴勒斯坦建立一个犹太民族国家，他理想化地认为，犹太复国主义的目标应该是"为全世界的犹太人建立一个精神中心"。虽然他知道，随之可能会产生一个权力中心，一个犹太民族主义，但他认为这不太可能，因为"巴勒斯坦殖民地非常小，而且依附性很强"。早在20世纪20年代，巴勒斯坦的犹太人和阿拉伯人就发生过多次暴力冲突，伤亡无数。爱因斯坦将此归咎于缺乏民主的英国委任统治政府。他希望，巴勒斯坦的工人阶级可以在犹太人和阿拉伯人之间建立良好的关系。

正如布鲁门菲尔德讲述的那样，爱因斯坦为期两个月的美国之旅大获成功，他在各地都受到了热烈的欢迎，尤其是他在那里第一次见到的"犹太群众"的欢迎。美国总统的短暂接见其实只是为了一个合影。他在普林斯顿的演讲被出版成书，这本书被多次修改，版本众多。这次旅行为希伯来大学筹集的建校经费没有达到预期：在魏茨曼期待的400万到500万美元中，到1921年底，只有不到20%有了明确的认捐。

　　德国媒体中民族主义一派和一些保守的同事不看好爱因斯坦的美国之行。毕竟，作为一个战败国，德国被国际组织排斥在外，如根据《凡尔赛和约》成立的国际联盟，而且德国必须承受高额赔款，损失惨重。科学家们也被禁止参加德国以外的国家以及战时的中立国组织的会议，这种状态一直持续到1925年。爱因斯坦反对道，这些学术组织大概忘了，"它们是为培养和保护那些高于人类所有政治斗争的愿望而设立的。我认为最重要的，是努力唤醒年轻一代对科学真理和科学工作的热爱……"。本着这种精神，他自己于1922年春天以个人的身份加入了国际联盟的国际智力合作委员会，而没有向德国政府询问此事。法国和德国之间的关系因两国公众的仇恨情绪而变得紧张。阿尔萨斯一位颇有才华的艺术家汉希[1]（Hansi）发表了一幅爱因斯坦的讽刺画，名为《克纳茨克教授和艾尔莎小姐》（*Professor Knatschke mit Frau Elsa*）[2]。爱因斯坦考虑到与同事们的"团结"问题，回绝了巴黎的邀请。在收到由朗之万转达

---

[1] 汉希的真名是让－雅克·瓦尔兹（Jean-Jacques Waltz，1873—1951），阿尔萨斯裔法国艺术家。他是一位坚定的亲法国活动家，以其古雅的画作而闻名，其中一些包含对当时德国人的严厉批评。他还是一战和二战的法国英雄。——校者注

[2] 指的是研究德法两国文化问题的学者克纳茨克和他的女儿艾尔莎小姐。——译者注

的第三次邀请后，他向外交部部长瓦尔特·拉特瑙（Walther Rathenau）请示，在应邀之前得到了普鲁士科学院的默许。这次旅行也大获成功。在法兰西学院举办的一场演讲结束之后，（法国）数学家、1917年的战争部部长保罗·潘勒韦（Paul Painlevé）毫无恶意地出现在公开讨论中。当然也有尴尬的情况，比如法国科学院院长拒绝接待这个"德国佬"，但随后却愿意被带到爱因斯坦的讲座上。他的到访提升了德国在法国人心目中的形象。他无法改变法国强硬的反德政策。1923年1月11日至16日，法国和比利时军队占领了整个鲁尔区，直到多特蒙德，因为德国没有全额支付赔款。为表示抗议，爱因斯坦退出了国联国际智力合作委员会。

由于频繁的出行和许多外部的干扰，爱因斯坦的科研工作无疑受到了影响。1920年夏天，他称自己在重大课题上止步不前。1921年和1922年也依然如此。起初，他兴致勃勃地写了3篇关于电子束实验的论文，据说这项实验可以区分经典和量子力学的思想。马克斯·冯·劳厄等同事对实验的可能性表示怀疑，实验失败了；爱因斯坦认识到他想法里的错误。他关于超导现象的研究，即在低于跃变温度的非自然超低温情况下，在某些材料里可以实现无损耗的电力传导，也未能产生重要成果。1923年，爱因斯坦起初否定了俄罗斯同事亚历山大·弗里德曼（Alexander Friedmann）在爱因斯坦场方程中发现的时变宇宙问题的答案，它们为当今的宇宙观奠定了基础。他认为，弗里德曼首先可能计算有误，然后，这些答案缺乏物理意义。他提出的假设也未能成功解决量子难题。

1924年至1925年，他在物理学上再一次，也是最后一次大获成功，他发表了3篇关于理想的玻色量子气体的重要论文，即关于具有偶数自旋（内部角动量）的名为玻色子的原子气体。爱因斯坦预言了玻色—爱因斯坦凝聚现象，直到1995年，人们才在实验室中验证了这个现象。这背后的原理是，在一个（非常低的）临界温度下，量子气体中所有原子会突然转变到基态。由于效应微乎其微，爱因斯坦对实验的可能性表示怀疑。这几篇论文的灵感来自印度物理学家玻色，其中使用了一种新的状态计数方法，即后来的所谓的玻色—爱因斯坦统计。玻色曾将这个方法应用于光量子，即自旋为1的玻色子。爱因斯坦在看到这篇被一家英国杂志社拒刊的文章后立刻发现了它的意义，并将这个方法推广用于研究量子气体状态下的原子。

爱因斯坦本想在1922年1月希尔伯特六十大寿时，向哥廷根的同事们讲述他的实验。数学家理夏德·库朗（Richard Courant）邀请他作为小提琴手参加一场四重奏小夜曲的表演，马克斯·玻恩弹钢琴，库朗的妻子也一同参加表演。但他却以"写作和其他任务"为由回绝了邀请。1922年，爱因斯坦的研究没有取得真正的进展，这也是因为他正计划从10月起与艾尔莎一起去日本旅行，为期将近半年。1922年6月，拉特瑙遇刺，由此可见德国正笼罩在激进的政治气氛中。在悼词中，爱因斯坦对身为犹太人的拉特瑙担任政府公职表示遗憾。由于许多受过教育的人都持反犹的态度，他说："我相信，犹太人最自然的做法是在公共生活中保持骄傲的克制。"

另外，他支持魏玛民主，至少在原则上如此。我们不清楚他是否参加过投票。他感觉受到了右翼激进分子的威胁，这很可能是事实。有段时间，他去了荷兰，在埃伦费斯特、洛伦兹和德西特那里避难。他还去了基尔，在那里，实业家、陀螺罗盘的发明者赫尔曼·安许茨–肯普费（Hermann Anschütz-Kaempfe）为他安排了一间公寓，他们一起对这个仪器做了改进。现在，他在期待着一段时间更久的旅行，可以"暂时避开我们家乡的紧张气氛"。在英国数学家、哲学家、和平主义者伯特兰·罗素（Bertrand Russell）的引荐下，爱因斯坦夫妇收到日本改造出版社的邀请前往日本。在行至新加坡和中国香港之间时，爱因斯坦正式得知自己获得了诺贝尔奖。在之后的4个星期[1]里，爱因斯坦夫妇跟随主办方组织的巡回演讲团走遍了整个日本。爱因斯坦讲座的入场票提前开售，票价高昂；出版社从中大赚了一笔。有一场演讲的听众多达2500人，其中不乏女性朋友。有位不懂日语的记者报道说，这些日本妇女被讲座吸引，这是因为日语中"相对性"一词的多义性，它也可

---

1 应该是6个星期，准确地说，是43天。——校者注

以表示"性关系"。石原纯（Jun Ishikawa）教授担任讲座的翻译，他曾是马克斯·普朗克的学生，并于1913年去苏黎世拜访过爱因斯坦。爱因斯坦为他编了一首风趣的打油诗：

> 民众涌涌，耳朵尖尖，
>
> 端坐席间，你我不辨。
>
> 神智深深，目光闪闪，
>
> 难题当前，顺从恭谦。
>
> 爱因斯坦，黑板跟前，
>
> 讲稿成堆，速速翻阅，
>
> 石原先生，细致敏捷，
>
> 一言一词，收于笔尖。

爱因斯坦的演讲一场接着一场，在12月底离开日本之前，他们夫妇只有两个星期时间可以休息和观光。时值圣诞节，爱因斯坦在日本主要岛屿中最南端的九州港口城市福冈为基督教男士协会举办了一场小提琴音乐会，然后在12月底开始了途经巴勒斯坦和西班牙的返航之旅。在耶路撒冷的斯科普斯山（Mount Scopus）上，他为（希伯来）大学奠基并发表了讲话，他强调"科学的任务是团结人民"。特拉维夫市授予了他该市的第一个荣誉市民称号；他在迦密山（Mount Carmel）上种了一棵树。在前往日本途中，爱因斯坦就已经开始思考如何将引力理论扩展到电磁场。5月回到德国后，他发表了一篇论文《仿射场论》。7月，爱因斯坦前往瑞典参加在哥德堡（Göteborg）举行的第十七届北欧自然科学家大会，然后前往丹麦。他在哥德堡发表了"诺贝尔奖演讲"，内容并非关于光电效应，而是题为"相对论的基本观点和问题"。秋天，通货膨胀异常严重，纸币金额达数十亿，在10月达到了高潮。

现在，他应该将许诺给前妻的诺贝尔奖奖金交给她了。然而，1923年5月，爱因斯坦却告诉米列娃，他已经在纽约一家银行用这笔奖金购买了美元公债。他在苏黎世的好友赞格尔提议为米列娃购买房子，他已经物色到一套价格划算的公寓楼。购房可以完全通过按揭贷款完成，贷款的偿还将由租金来支付。尽管他担心，在瑞士万一资金短缺的话，按揭贷款可能会被终止，他将遭遇"困境"，但他还是决定购房。1924年，他一共购置了三栋房子。如今我们知道，1929年美国股市崩盘，爱因斯坦用诺贝尔奖奖金做的投资多数损失殆尽。

直到1926年，德国才成为国际联盟的成员。然而，爱因斯坦在玛丽·居里和亨德里克·A.洛伦兹的敦促下，于1924年重新加入了国联国际智力合作委员会，但他仍然不认为自己是德国代表。他亲自参加了1924年至1926年的会议，之后，他委托普鲁士国家图书馆馆长胡戈·克吕斯（Hugo Krüss）代为出席。他并不适合参加这类活动。只是"考虑到当时我们

'知识分子'的心态，没有其他国际知名人士愿意去'承担起国际主义的恶名'，他这才去'填补了这个缺口'"。1922年，他给玛丽·居里写信说道："这里的学者圈里存在着一种无法形容的反犹太主义，而且变得越来越强烈，因为首先，与他们的人数相比，犹太人在公共领域发挥着不成比例的作用。其次，他们中许多人（比如我）都在致力于国际目标……"爱因斯坦对委员会最重要的贡献是他与西格蒙德·弗洛伊德（Sigmund Freud）的通信。1932年，这些书信被汇编成书，取名《为什么要战争?》（*Warum Krieg?*）。

1925年3月至5月底，爱因斯坦应学术界的邀请前往巴西、阿根廷和乌拉圭，再次踏上了长途旅行。这一次，他只身前往，没有带上妻子。她当时可能正在生气，因为爱因斯坦与比他年轻21岁的打字员贝蒂·诺伊曼（Betty Neumann）传出了绯闻。原本代替艾尔莎随行的应该是继女玛戈特，但是她病倒了。在邮轮上，贝蒂似乎被女作家艾尔瑟·耶路撒冷（Else Jerusalem）取代了，她在阿根廷可能也一直陪在他的身旁。来到南美洲，这个"德国圣人"(sabio alemán)再次成为德国的一级代言人。他说："这帮德国人真是有趣。在他们眼里，我就是一朵臭烘烘的花，但他们却一直把我插在扣眼里。"据说，爱因斯坦在参观了布宜诺斯艾利斯《新闻报》（*La Prensa*）报社的全自动印刷厂后说："现在只缺一台能阅读这堆东西的机器了。"阿根廷的犹太协会和一些个人为这次旅行提供了赞助。

他在布宜诺斯艾利斯的希伯来中心（Centro Hebraico）做了一场特别的演讲。他还向这些"同胞"为耶路撒冷的大学发起了募捐。他在那里甚至还遇到了一个真正的表亲。

1926年，尽管爱因斯坦向科学院提交了3篇理论物理学论文，但他在学术上成绩平平。家里却发生了几件大事。他的岳父鲁道夫·爱因斯坦和岳母法妮两人在半年内相继过世。通货膨胀对他们的打击肯定很大：他们没有留下任何遗产；对这位曾经富有的叔叔，爱因斯坦不得不在他最后的日子里向他施以援手。家里还有一桩喜事，伊尔泽·勒文塔尔-爱因斯坦嫁给了文学史学家及作家鲁道夫·凯泽，他从1919年开始担任柏林菲舍尔出版社的编辑，并于1922年至1933年在《新观察》（Neue Rundschau）文学杂志社担任责任编辑。同样令人高兴的，是汉斯·阿尔伯特于1926年获得了苏黎世联邦理工学院的工程硕士学位！爱因斯坦的这个儿子表示，他打算与比他年长9岁的，来自多特蒙德的女人弗里达·克内希特（Frieda Knecht）结婚，因此父子俩很快就产生了矛盾。爱因斯坦似乎完全忘记了自己当年与父母的争吵，他表示强烈反对，他担心这位新娘的基因有问题，并且想尽办法让儿子改变主意。他发现自己没能成功，于是便要求汉斯向他保证，不与弗里达·克内希特生儿育女。汉斯·阿尔伯特已是成年人，他决定坚持自己的选择。他于1927年完婚，并与弗里达养育了多个子女。如此，爱因斯坦到今天还有嫡亲重孙活在这世上。爱因斯坦有

一段顺口溜，讲述了他的朋友母子俩因为一桩有预谋的婚姻而
发生的争执：

> 维吉尼亚真危险，
>
> 她诱人来又狡黠。
>
> 母亲旁观在一边，
>
> 她留神来她惕察。
>
> ……
>
> 此事关乎道与德
>
> （大家缄口不多言），
>
> 上半部分谋与算，
>
> 下半部分把人牵。

从1928年开始，他有了一个秘书，名叫海伦·杜卡斯
（Helene Dukas），她来自一个艾尔莎认识并信任的犹太家庭。
她很快成了他们家庭的一员。艾尔莎去世后，她成了爱因斯坦
的管家，并在他去世后成为他遗产的共同受益人和共同管理人。

在1925年和1926年，物理学界发生了一场革命。首先
是维尔纳·海森堡（Werner Heisenberg），紧随其后的是马克
斯·玻恩以及帕斯库尔·约尔当（Pascual Jordan），他们这几
位哥廷根大学物理学家打开了通往量子世界的大门。终于，氢
原子光谱的分类和计算问题都得到了解决。但是对大多数物理

学家来说，他们采用的无限行列数的矩阵计算方式相当费力，而且这是一套全新的方法。1926年，埃尔温·薛定谔建立了一个微分方程，为解题带来了突破，这个方程更为简便，而且解题结果一致。人们对量子获得了更深入的理解，为此付出的代价是：一个原子的可观测量，比如它的位置和速度，从原理上讲，已经无法再同时以相同的、任意的精度同时进行测量。一个量子的位置和速度不再固定；只能通过概率描述它在某个位置或具有某速度值的可能性。这就是海森堡测不准原理。爱因斯坦熟悉微分方程，却不熟悉矩阵，因此他对哥廷根解法存有疑虑。他在给他的朋友贝索的信中说，海森堡－玻恩－约尔当的量子态理论是"真正的女巫算法，其中无穷行列式（矩阵）代替了笛卡儿坐标。它极其巧妙，相当复杂，足以保护它不让人查出其谬误"。海森堡在与爱因斯坦通信时发现，爱因斯坦并不了解这个必要的数学工具，因此他对这个理论理解有误。

在这种情势下，第五届索尔维会议于1927年10月举行，这时新派量子理论的杰出年轻代表也被邀请参加会议。爱因斯坦不断地尝试设计巧妙的思想实验，试图找出新理论内部的破绽。丹麦物理学家尼尔斯·玻尔（原子模型的提出者）每次都能将他驳回。但是爱因斯坦无法消除自己对量子理论的消极态度。1928年春天，他给薛定谔写信说道："海森堡和玻恩的这套安慰哲学（Beruhigungs philosophie），或者说宗教，设计得如此精妙，就好像给了信徒们一个柔软的枕头，这样他们就不容易被吵醒。"他似乎不愿意深入地研究量子力学的数学形式体系，从而得出新的结论。他的科学成就高峰已被超越；他越来越不去关心大部分同事正在从事的研究。

1928年，他因劳累过度患上了严重的心脏病，不得不暂时退居家中静养。经过10个星期的严格卧床休息和无盐饮食调理，他在夏天已经可以去吕贝克的湖湾度假区沙尔博伊茨（Scharbeutz）休养3个月。在这期间，他似乎在研究一套新的几何理论，作为引力场和电磁场论的基础。回来后，他向科学院递交了两篇论文准备发表。这套几何理论可以用来对任意距离的向量做比较，即"远距平行性"理论。艾尔莎在向赫尔曼·施特鲁克提起自己的丈夫时写道："最近，他在工作时很愉快，他这辈子梦寐以求想要解决的难题有了答案。"但早在若干年前，法国数学家埃利·嘉当（Élie Cartan）就已经发表了这套几何理论的基本思想，甚至在1922年爱因斯坦访问巴黎时还向他讲述了这个理论。现在嘉当写信提醒他这件事。从此，两人开始了长时间的书信来往，探讨微分方程解的普遍性，这对爱因斯坦在20世纪50年代的另一个想法提供了帮助。他再次忘记了，这是嘉当的提议，而且也没有注明引用了他的想法。不过，艾尔莎说对了一点：每当爱因斯坦对理论有了新的想法时，他就会认为，自己终于发现了他在寻找的"统一场论"，于是如释重负。直到他有了下一个想法，并将这个刚刚研究过的理论弃置一旁。他对远距平行性的研究也是如此！

第七章 —————— 先庆祝，后驱逐

　　1929年3月，爱因斯坦年满50岁。他在1920年时对自己的描述是："苍白的脸，长长的头发，微微鼓起的小肚子。"现在，他还是老样子；头发没有变短，小肚子可能更圆了些。生日之际，爱因斯坦没有像戏剧家格哈特·豪普特曼（Gerhart Hauptmann）那样，在阿德隆酒店大摆生日宴会，而是到他的私人医生雅诺什·普雷施（Janos Plesch）位于加托夫（Gatow）的"莱蒙别墅"庄园里躲起了清净，那里离柏林的污水排放区不远。这位颇具社会主义思想的学者收到的最漂亮的礼物是那些"柏林商会"的"资本主义朋友"送给他的一艘20平方米的机动帆船，名为"海豚"。有了这艘帆船，这位热情的水手就经常漂在水上，不受妻子艾尔莎和家人的打扰，有时还有情人相伴。

　　不知怎么，有人悄悄告诉柏林市长，对爱因斯坦来说，像马克斯·利伯曼（Max Liebermann）在两年前八十大寿时获得的柏林荣誉市民称号是不够的。市政府做了一个特别的决定，宣布将一块哈弗尔河（Havel）畔的地皮送给"本世纪最伟大的学者，我们的市民"。艾尔莎与市政府就此进行的谈判没有结果；他们提供了两块土地，一块不能自由使用，另一块紧挨着一个汽艇俱乐部。市政府修改了决议，承诺给他一笔相应的奖金，但是这个承诺也没有兑现；究竟是因为柏林市财政欠佳，还是因为背后有纳粹党的支持者从中阻挠，具体无人知晓。在遭遇一些带有嘲讽意味的媒体评论后，爱因斯坦自费购买了一块合适的土地。他与建筑师康拉德·瓦克斯曼（Konrad Wachsmann）规划了数月，在1930年夏天之前，他们在波茨坦南面哈弗尔河畔的卡普特（Caputh）使用预制件建造了一个带有地窖和供暖系统的简易木屋。仅有3年时间，爱因斯坦可以在这里快乐地、无忧无虑地度过夏天，直到入秋。访客留言簿上的第一条和最后一条是由他在柏林的同事马克斯·冯·劳厄所写。爱因斯坦夫妇的这处地产于1933年5月以艾尔莎两个女儿的名字进行了土地登记，而在1935年1月就被夺走了，或者按照当时官方的说法，被"无偿征用"了。自2005年起，这座房子作为纪念馆重新对外开放，经过漫长的归还程序，它现在基本上属于耶路撒冷希伯来大学。

6月底，在普朗克的获博士学位50周年纪念日上，马克斯·普朗克和阿尔伯特·爱因斯坦都获得了德国物理学会（Deutschen Physikalischen Gesellschaft）的"马克斯·普朗克奖章"（Max-Planck-Medaille）。索邦大学（Sorbonne）授予爱因斯坦荣誉博士学位。德国大使发表讲话说："爱因斯坦教授在当今的知识界内外……都享有尊重和关注，当代德国学者无人可及。"其他荣誉接踵而来。自1923年以来，爱因斯坦一直是"科学与艺术功勋勋章"（Pour le Mérite für Wissenschaft und

Künste）的得主；1926年，他获得了伦敦皇家天文学会的金质奖章。1930年和1931年，苏黎世联邦理工学院和牛津大学又分别给他颁发了荣誉博士学位。荣誉加身的爱因斯坦游走在柏林"上流社会"，除了外交官、财政巨头以及贵族之外，他在许多圈子活动，与影视明星、艺术家和音乐家也有接触。然而，他的艺术品位无异于普通市民，对当代音乐如欣德米特[1]的作品以及"新客观主义"画家的画作并不感兴趣。他与莫里茨·卡赞斯坦（Moritz Katzenstein）和奥托·尤利乌斯伯格（Otto Juliusburger）等犹太医生关系亲密。他甚至又遇到了来自布拉格的朋友。约翰娜·范托娃（Johanna Fantova）在1929年和1930年为爱因斯坦整理了他的个人图书馆，范托娃出生时姓玻巴驰（Bobatsch），1925年嫁给了贝尔塔·范塔的儿子奥托·范塔（Otto Fanta）为妻。范塔曾写过一份关于《广义相对论的基础》的电影手稿，后来被用于1922年"爱因斯坦影片"的拍摄。范塔夫人随丈夫移民去了英国，并在1940年丈夫去世后移民到了美国，在普林斯顿做图书馆管理员。她是爱因斯坦生命中最后一个女友。

　　7月，爱因斯坦的长孙伯恩哈德·恺撒·爱因斯坦（Bernhard Caesar Einstein，1930—2008）在多特蒙德出生。但

---

[1] 指的是保罗·欣德米特（Paul Hindemith，1895—1963），德国多产的作曲家、中提琴家、小提琴家、老师和指挥。20世纪20年代，他成为"新客观主义"（Neuen Sachlichkeit）音乐风格的主要倡导者。——校者注

是他的祖父并不高兴。在儿媳怀孕期间，爱因斯坦就已经向她以及汉斯·阿尔伯特表示过无奈，他说："但是现在事实摆在那里，我早就认命了。"在给米列娃的信中他表达得更加清楚，他说："这场厄运只得任其发生，就是如此不幸。"他是在担心遗传疾病呢，还是在为儿子和孙子不再受他管束而感到伤心呢？直到两年后，他才见到这个孙子。家里还发生了一件大事，1930年11月，爱因斯坦的继女玛戈特与迪米特里·马里亚诺夫（Dimitri Marianoff）完婚，他在柏林俄罗斯商务代表处负责影片工作。玛戈特的母亲说马里亚诺夫是个"吉卜赛人，但是为人正派而且有趣，我们都很爱他"。这段婚姻在可怕的第七年结束了。

　　1930年3月和10月，爱德华（泰特）先后分别去卡普特和柏林看望了父亲；爱因斯坦很高兴，他说："泰特已经成为一个可爱又聪明的同志了，是真正的大人了。"然而，他的朋友赞格尔却认为，爱德华开始学医，这对于这个精神不稳定的年轻人来说太吃力了。但起初他做得很好；他通过了所有必修考试。但他与父亲的联系又开始变少了。从1930年冬天开始，爱因斯坦每次去帕萨迪纳（Pasadena）都会待上数月，无暇关心他的儿子。1932年初，赞格尔多次要求他去看望爱德华，或者邀请他去柏林，但都没有成功。

　　8月，这位父亲写信给爱德华说，他希望在遗产问题上两个家庭避免发生冲突，并且要求"所有家庭成员必须签署公证声明，无条件承认我的遗嘱"。这份遗嘱将钱和有价证券都留给了爱因斯坦的第二任妻子和他的两个继女，前妻和儿子可能什么都没得到。此后，抑郁的爱德华病情加重，不得不住进苏黎世精神病院［布尔格赫尔兹利（Burghölzli）］。赞格尔对爱因斯坦的态度十分不解，他说："他觉得这么做理所当然，哪怕儿子有精神崩溃的危险，他也执意要执行这份遗嘱。"爱因斯坦的长子汉斯·阿尔伯特写信埋怨他的父亲，他说："在你去世后，在你从我的生命里消失后……"，父亲"连一份朴素的想念"都没有留给他。汉斯指责他不是一个好父亲，爱因斯坦对儿子说："我始终认为精神相通比血脉相连更加重要。"这句话并不能带来安慰，却很恰当。

米歇尔·贝索也多次请求爱因斯坦，在去美国之前去看看他的儿子爱德华，或者把他一起带走，起初这些建议也未被采纳，爱因斯坦甚至还试图为自己的缺席而辩解。他说，可能这是因为"那些围绕着他（爱德华）的外部的不幸。现在（汉斯）阿尔伯特也娶了一个女人，在我看来，她和米列娃一样惺惺作态，奸诈狡猾——而且同样有着严重的遗传问题……对于泰特，我相信他为人更加正直"。爱因斯坦回绝了弗里茨·哈伯和其他遗嘱调解人的帮助，但他不想再为此事打扰爱德华。1932年10月，他邀请爱德华去柏林相聚，但由于他身体抱恙未能成行。爱因斯坦又希望爱德华能在明年，即1933年冬天陪他去美国。最后，这位父亲在1933年5月从比利时出发去看望了爱德华，这是他们父子俩最后一次见面。移民到普林斯顿后，爱因斯坦只是偶尔与爱德华通信，这样的联系只持续到了1936年。他解释说："这是因为一个我无法完全理解的障碍所导致的。"他把照料爱德华的工作留给了前妻米列娃和贝索、赞格尔等瑞士的朋友，作家卡尔·泽利希也帮忙照顾过他。爱德华就读于瑞士的一所寄宿学校期间，侄女伊夫林（Evelyn）曾多次带他去郊游。在母亲去世后17年，父亲去世后10年，爱德华也告别了人世。

爱因斯坦为什么会定期去加利福尼亚呢？20世纪20年代，威尔逊山天文台得到了一台最高级的天文望远镜，可以对天空中最远的发光体进行成像。天文学家埃德温·哈勃（Edwin Hubble）用这些望远镜观测发现，河外星系，即与我们的银河系相对应的由数千亿个类似太阳的恒星汇聚而成的组合体，在引力的作用下慢慢疏散开来。哈勃为此对这些恒星光谱的红移进行了分析。我们可以用表面布满彩色圆点的气球来描绘这幅景象，这些圆点在气球充气时互相远离。"宇宙正在扩张"，这个解释是显而易见的。哈勃的发现引来了物理学家中一些天文爱好者的关注，其中包括爱因斯坦。他现在接受了弗里德曼对他的场方程的解，起初他对它们只是半信半疑，而这些解可以解释这种"扩张"现象。他在1931年5月的一篇简短的论文中指出，这种不断扩张的"宇宙模型"可以用不含他提出的宇宙常数的场方程进行描述。此外，他还发现，1917年构建的静态宇宙模型对于微小的变化是不稳定的，因此不适合用来描述宇宙。但是，宇宙是一个"广阔的场"；《日报》上会定期讨论天体物理学家的新发现。当时的人们是如何对待这些新发现的呢？伍迪·艾伦（Woody Allen）曾调侃，我对那些想去了解宇宙的人感到很惊讶，因为能在唐人街上找到北就已经够难的了。

1930年夏天，加州理工学院理事会会长亚瑟·H.弗莱明（Arthur H. Fleming）到卡普特拜访爱因斯坦。1921年上任的加州理工学院校长，诺贝尔奖得主罗伯特·A.密立根（Robert A. Millikan）正在计划将学院发展成一所世界知名高校。爱因斯坦正是这个计划的一部分。弗莱明再次发出之前的邀请，这次爱因斯坦答应了：1931年末至1932年初的那个冬天，他将在帕萨迪纳工作两个月，待遇是一个美国教授的年薪。在1932年1月的这次访问中，爱因斯坦在那里遇到了威廉·德西特并与他一起提出了爱因斯坦—德西特宇宙模型。我们可以猜到，爱因斯坦考虑到魏玛共和国以及柏林的政治局势，为长远考虑，他想在美国打下第二个根基。夏洛特堡[1]的同事，后来也获得了诺贝尔奖的尤金·维格纳（Eugen Wigner），以及其他物理学家都已经猜到，纳粹党上台执政毋庸置疑，他们担心自己的后果，于是纷纷接受了美国的工作邀请，他们可

---

1 这里指的是柏林工业大学的前身，夏洛特堡工学院。——校者注

以暂时留在德国教课。或许，他们还记得1927年12月在选帝侯大街（Kurfürstendamm）发生的反犹暴力事件。在那场暴乱中，爱因斯坦书籍的俄语翻译格雷戈里耶·伊泰尔松（Gregorij Itelson）受了重伤，险些丧命。然而，几乎没有迹象表明，爱因斯坦会有同样的想法。当然，对越来越多的暴力事件他感到非常震惊，特别是共产党和纳粹党之间的暴力事件，死伤无数。然而，在1930年，他并没有感到非常危险。让他更为忧心的可能是1931年的德国银行危机和他要供养的两个家庭。如果他是一个外国人，或者手里持有美元的话，银行会给他更好的条件。陷入危机后，他给马克斯·普朗克写信，请他设法帮助自己退出德国国籍，但这封信没有寄出。他因在学院任职而被迫加入了德国国籍，但他只是勉强接受了这个身份。

1932年6月，美国教育学家亚伯拉罕·弗莱克斯纳（Abraham Flexner）到卡普特拜访爱因斯坦。随后，爱因斯坦在10月签下协议，他每年会有5个月在普林斯顿新成立的"高等研究院"开展研究。但是这也并不意味着他要与德国断绝来往。有可能这是他为保万一而采取的保险策略！爱因斯坦与普鲁士科学部（Wissenschafts ministerium）达成协议，从1933年起5年内他只领取以前学院工资的一半。爱因斯坦希望，这份协议从1933年4月1日开始生效，但是事与愿违，科学部在1932年12月24日就指示科学院将他1933年上半年的薪水尽数扣除。爱因斯坦未曾料到，当他在1933年4月从美国去往比利时的时候，政治形势已经发生了快速而巨大的转变。

也许，让爱因斯坦同样失望的是，在应用广泛的量子力学取得成功之后，他的研究不再是人们关注的焦点。他不可能没有注意到，欧洲那些年轻的同行在嘲笑他。1932年10月，在哥本哈根，玻尔等人对歌德的叙事诗《图勒之王》进行了改编。

> 从前有一个国王，
>
> 他有一只大跳蚤。
>
> 爱它一点都不少，
>
> 如同引力那样强，
>
> ……
>
> 跳蚤纷纷要逃离，
>
> 这所柏林科学院。
>
> 物理学家齐声赞，
>
> "新的场论"不一般。

对他来说，高等研究院的氛围更加开放。然而，学院刚成立时，爱因斯坦被聘进了当时唯一的"数学系"，这件事或许可以表明弗莱克斯纳对他有所误解。这个系里当时还有3位著名的数学家，赫尔曼·外尔（Hermann Weyl）、约翰·冯·诺伊曼（John von Neumann）和奥斯瓦尔德·维布伦（Oswald

Veblen）。1953年，库尔特·哥德尔（Kurt Gödel）作为第四位数学家加入其中。作为物理学家，爱因斯坦可以熟练地使用数学这件工具；但他对这个领域未能做出新的贡献。

在帕萨迪纳的这段时间可能同时也让爱因斯坦避开了他的崇拜者和情人，过了几天清净日子。那几位大家熟悉的都比较富裕：聪慧的医生遗孀托妮·门德尔（Toni Mendel）在城里有公寓，在万湖有别墅；艺术收藏家和花店老板艾斯黛拉·卡岑艾伦伯根（Estella Katzenellenbogen）在动物园附近有栋房子，她有3个未成年的孩子。她们家里都雇了司机。还有《莱巴赫时尚杂志》的玛格丽特·莱巴赫（Margarete Lebach），她出生在维也纳的巴赫维茨家族，家境殷实。在爱因斯坦的这些富贵女友之中，有一个比其他人年轻10岁的"交际花"埃特尔·米哈诺夫斯基（Ethel Michanowski）可能比较出众，但她也有能力为他购买礼物。爱因斯坦并没有向艾尔莎隐瞒他与这些女士的情感关系，而是要求她容忍她们。当然，艾尔莎很难做到，因此他们争吵不断，她也常常哭泣。托妮·门德尔在卡普特的访客留言簿上题了一首诗；玛格丽特·莱巴赫带来了维也纳的糕点，并把她的泳衣落在了爱因斯坦的帆船上。艾斯黛拉·卡岑艾伦伯根似乎没有在卡普特留下什么痕迹，但在1931年12月，她随爱因斯坦、艾尔莎、海伦·杜卡斯以及迈尔（Mayer）博士一起去了加利福尼亚。爱因斯坦在带米哈诺夫斯基小姐去牛津时，比较克制地表达了对她的不满。她的纠缠已经失控，让他避之不及。要是再见到她,他应该会请她马上离开。在这些女士中,爱因斯坦也许只对L女士[1]青睐有加;她为人友善,大方体面。爱因斯坦的这种行为是否与他对他和米列娃的两个孩子的态度类似呢,在对他们做出积极的评价后,又很快与他们保持距离?从1931年开始,直到托妮在1938年移民去加拿大时,他和她还一直都有联系。1938年,他为贝蒂·诺伊曼担保,让她得以离开格拉茨移民去美国。爱因斯坦知道,1939年艾斯黛拉·卡岑艾伦伯根也从瑞士移民到了加利福尼亚。她在洛杉矶开了一家画廊,托马斯·曼(Thomas Mann)曾参观过她的画廊。艾斯黛拉在爱因斯坦去世36年后才离开人世。相比之下,玛格丽特·莱巴赫早在1938年就在维也纳因患癌症去世了,也就是在"德奥合并"后5个月。她的儿子被拘禁在达豪集中营里,爱因斯坦设法帮他成功移民到了国外。

　　1931年底至1932年初,在爱因斯坦前往加州之前,他为《纽约时报》写了一篇讨论宗教和科学的文章。他在文中表明,相对于那些源于恐惧,或是纯粹由道德规范构成的宗教,他更看重以秩序和自然之美为基础的、非教条主义的"宇宙"宗教。这种否定主观上帝的做法,各个教派的信徒都很反对,认为这是变相的无神论。1932年,他用唱片录制了一则"信仰声明",向"人权联盟"简明扼要地表达了他对宗教

---

1 这里指玛格丽特·莱巴赫(Margarete Lebach)。——校者注

的态度。爱因斯坦去往美国的航线会经过巴拿马运河，中途他在纽约停留了4天，行程很满。德国总领事带他和艾尔莎参观了曼哈顿，犹太复国主义人士为他举办了一场盛大的活动，他从市长那里获得了城市各处的钥匙。他拜访了诺贝尔文学奖得主拉宾德拉纳特·泰戈尔（Rabindranath Tagore），泰戈尔夏天曾到过卡普特，他还拜访了小提琴家弗里茨·克莱斯勒（Fritz Kreisler），并在一场音乐会上见到了指挥家阿尔图罗·托斯卡尼尼（Arturo Toscanini）。在那个最重要的关于反对兵役的演说中，他强调："即使只有2%的应征者宣布拒绝服役，从而要求采取和平的方式解决所有国际争端，政府也会无能为力。"诺贝尔文学奖得主罗曼·罗兰（Romain Rolland）认为，鉴于武器技术的发展，这个提议纯属幻想，因为动用武器只需要少量受过技术培训的士兵。

爱因斯坦抵达圣地亚哥后，迎接他的是一场持续4个小时的欢迎活动，他坐在美人鱼花车上发表演讲，接受采访。在德国的电影院里，新闻节目中播放了这次活动的一些片段。在加州理工学院附近的住处安顿下来后，他接到了一个特别的观影邀请，是一部根据雷马克的小说《西线无战事》改编的反战电影，这部影片在德国因纳粹反对而被禁播。查理·卓别林（Charlie Chaplin）在家中放映了这部电影。爱因斯坦遇到了作家厄普顿·辛克莱（Upton Sinclair），他对美国的一些社会弊病进行了抨击。爱因斯坦在加州理工学院这样的工程师培训中心为那里的大学生做了一个演讲，内容引起了思想保守的密立根校长以及其他一些持相同态度的同事及赞助商的不满。他说，人类使自己成为技术的奴隶，在所有技术专长背后，真正应追求的，是一种令人满意的劳动组织方式，以及对所创造财富的公正分配。

1932年春天，爱因斯坦回到德国，他在柏林见到了卓别林，当时他的电影《城市之光》在德国首映。卓别林不知道爱因斯坦是个简朴的人；他发现他的寓所很小很简陋，他说："在布朗克斯也有这样的公寓，客厅同时被用作餐厅。地上铺着破旧的地毯。他家最值钱的家具是那架黑色三角钢琴……"对爱因斯坦来说，比公寓的布置更重要的是为维护魏玛共和国的民主而进行的斗争，以及他对拒服兵役的推动。他支持国际工人援助协会，这个组织与苏联有着特殊的联系。在为和平事业努力的过程中，他与共产主义团体几乎很少保持距离，比如他签署了共产党及其他左翼党派联合发出的《反对建造战船的呼吁》（*Aufruf gegen Kriegsschiffbau*）。1931年[1]，他撤回了自己抗议苏联斯大林公审的签名。他对自己的做法表示遗憾，他说："我当时没能充分认识到，在苏联的特殊情况下，有可能发生在我所熟悉的条件下完全无法想象的事情。"

1　此处的"1931年"或为笔者的笔误。"莫斯科公审"发生在1936年至1938年间。——译者注

　　爱因斯坦不是一个政治实践者，而是一个对社会行动的前提缺乏认识的道德呼吁者。一年后，面对建立反法西斯阵线的呼吁，他的表现同样如此。当时社会民主党和共产党被呼吁联合起来，在1932年7月31日国会大选之前反对纳粹党。他提议，他和凯特·珂勒惠支一起"邀请二位关键人物，即社会民主党的奥托·韦尔斯（Otto Wels），共产党的恩斯特·台尔曼（Ernst Thälmann）以及德国工会联合会的特奥多尔·莱巴特（Theodor Leipart），进行一次私下讨论，如此便可成事"。他与珂勒惠支女士如何会有资格参加这样的密谈呢？难道他不知道来参加会谈的人首先必须得到他们的追随者的支持吗？这场会谈当然是不存在的，最后爱因斯坦、珂勒惠支和亨利希·曼给3个党派的主席写了一封联名信，没有起到任何具体作用。由于其他原因，反法西斯阵线没能实现，纳粹赢得了选举。和罗曼·罗兰一样，爱因斯坦认为，应该呼吁杰出的知识分子为人类宣扬真理，然后它们将会被默默地接受。

　　冬天，爱因斯坦的第二次加州之旅差点没能成行；他与院方在条件的谈判上僵持了很久，其中包括10个星期2万美元的薪酬。1931年10月初，密立根拜访了爱因斯坦，给他的待遇只有7000美元。一周后，爱因斯坦回绝了加州理工学院；他想在冬天去南欧休养。为何两周之后，他与帕萨迪纳签订协议，并在一周后与妻子艾尔莎、秘书海伦·杜卡斯以及助理迈尔博士一同登上了直达旧金山的汽轮，原因无人知晓。1931年

12月6日，爱因斯坦在旅行日志里写道："今天我决定基本上放弃我在柏林的工作。余生从此漂泊！"这么想有点太过悲伤；接下来，他将在一个地方度过"余生"——普林斯顿。

1932年，在第二次美国之旅结束后，爱因斯坦仍在积极地参与欧洲那些为促进民族理解和防止战争而开展的政治活动。自2月以来，国际裁军会议在日内瓦召开，但由于对德国的角色存在争议，会议没有取得任何进展，而根据《凡尔赛和约》，德国必须已经要开始减裁军备。1932年5月，爱因斯坦与和平主义者、前英国议员庞森比（Ponsonby）爵士一起前往日内瓦参加了"联合和平委员会"（Joint Peace Councils）的大会，这是一个由和平协会组成的松散的合作组织。爱因斯坦对裁军大会提出了批评，他说："我们无法通过试图制定战争的规则来尽力避免战争。相反，从一开始我们就必须坚定信念，不要发动战争，走仲裁的道路去解决国际争端……"当时，日本的军队刚刚侵占了中国东北，而世界列强对此默不作声，在这个背景之下，他的话彰显了特殊的意义。但是，这番话也表明，他建议的这条路是多么漫长。

1933年1月，爱因斯坦第三次来到帕萨迪纳，以奥博兰德（Oberlaender）信托基金会代表的身份在这里进行了为期两个月的访问。1931年，美籍德裔"裤袜大王"奥博兰德创办了这家信托公司，旨在培养和建立更好的德美关系。在此期间，爱因斯坦发表了一个关于"美国和世界"的广播演讲，《纽约时报》批评说他的演讲毫无意义。他的到访并没有受到各方各界的欢迎，传言称他信奉共产主义，因此他遭到了一家名为"更好的美国基金会"的攻击，他为此作了公开反驳。

爱因斯坦应该没有想到，他于1932年10月11日在柏林爱乐音乐厅为帮助贫困大学生所做的演讲将是他在柏林的最后一次演讲。1933年1月30日，阿道夫·希特勒被任命为帝国总理，此时他正在遥远的、阳光明媚的加利福尼亚，这可能并没有给他留下特别的印象。由于他不会开车，他与耶路撒冷的希伯来大学校长尤达·列昂·马戈尼斯（Judah Leon Magnes）一起学骑自行车，并在1933年2月18日写下了这首诗：

> 昨日我们被人劫，
> 到了"自由"小宫殿。
> 众生共享无忧宫，
> 最美情景如我见。
> 沐浴阳光心宁静，
> 人人都应得此心。
> 无人对我道不是，
> 我还敢把车来骑！

3个星期后，好日子到头了；2月27日和28日国会大厦失火，导致魏玛宪法里的公民基本权利被废除。1933年3月5日的大选使纳粹党重新登上顶峰。3月11日，爱因斯坦发表公开声明："只要有可能，我只想生活在一个政治自由的、宽容的、法律面前人人平等的国家，这些条件目前在德国都无法实现。"1933年3月28日，在前往欧洲的轮船上，他"以德国当前的局势为由"，宣布辞去普鲁士科学院的职务。在当天的第二份声明中，他表示："值得庆幸的是，这些对思想自由的人和犹太人的暴力和压迫行为，这些已经并且仍在德国发生的行为激起了所有坚持人道主义和追求政治自由的国家的良知。"他在2月27日已经对莱巴赫女士暗示了这一点，4月1日他把这个想法告诉了赞格尔：他将不会再踏上德国的土地，并且他会公开说出自己的想法。阿尔伯特和艾尔莎抵达鹿特丹，比利时国王和王后将他们安置在海边的一栋别墅里，以前他曾与王后一起演奏过音乐。

第八章 ———— 普林斯顿的新篇章

　　此时，爱因斯坦正坐在比利时海边的德汉（De Haan，法语名为Le Coq-sur-Mer，意为"海上的公鸡"）小镇上。1933年5月10日，即焚书运动那日，"为防患于未然，阻止共产党暴动，损害国家利益"，他和艾尔莎在德国的多个账户都被充公了，他们约有6.2万马克被没收了。除此之外，他还要支付一笔超过1.5万马克的帝国潜逃税金。爱因斯坦尝试以苏黎世市民的身份请求瑞士政府向德国要回他的财产。由于他加入了德国籍，法律上有问题。瑞士可能也不想与柏林的新政府发生冲突。艾尔莎向比利时外交部部长求援，称自己的丈夫与比利时王室关系友好，这也没有起到任何效果。由于爱因斯坦在国外的收入没有转到德国的账户上，因此他没有陷入困境。但是，他不得不等到1933年11月1日才被普林斯顿高等研究院任命。

　　还在比利时的时候，他的立场就发生了转变，这损害了他在和平主义领域的声誉。在比利时，有两人因拒服兵役被捕了，请他出面解围，他回绝道："如果我是比利时人，在目前的情况下，我不会拒绝服兵役，而会为了拯救欧洲文明而欣然应征。"罗曼·罗兰言辞激烈地批判道："作为朋友，爱因斯坦比敌人更加危险。……他相信，而且还劝说年轻人去相信，他们的抗议行为可以阻止战争，这真是犯罪式的天真。因为很明显，即便如此，战争还是会发生，就在殉难者的尸体上……"爱因斯坦自己无法成为殉难者。他总是从对自己无害的立场出发进行争论。

与此同时，法国和西班牙对这位名人的任命已经到达，牛津大学也请他去担任教授。6月初他在那里做了一个备受瞩目的关于理论物理学方法的"斯宾塞讲座"，展示了自己对认识论的毕生追求。他遇到了英国著名的政治家，比如张伯伦和丘吉尔。回到比利时后，他应米列娃的邀请前往苏黎世，见到了爱德华，他被诊断出患有阵发性精神分裂症。在10月初前往美国之前，爱因斯坦接受了一名英国反法西斯议员的邀请，去了此人在诺福克的海滨庄园。据说，有人登报悬赏爱因斯坦的人头，这条消息让艾尔莎感到极为不安。爱因斯坦一直有一个想法，就是为那些被驱逐的犹太同事建立一所大学。为此他与哈伊姆·魏茨曼发生了激烈的争论，他认为，爱因斯坦有义务去耶路撒冷的那所大学工作。但是爱因斯坦认为，在那里他无法实现自己的学术抱负。

在美国普林斯顿高等研究院，他遇到了其他一些麻烦。虽然爱因斯坦半年的任命协议被延长至一年，但院长弗莱克斯纳却不想他出席任何公共活动。他对爱因斯坦在纽约为流亡科学家举办慈善音乐会感到不满。弗莱克斯纳私拆私回爱因斯坦的信件。当爱因斯坦得知，他拒绝了美国白宫给自己的电话邀请时，他警告这些监视者，他将立刻离开研究院，他说："没有哪个正直的人可以容忍这种行为，我也不打算这么做。"弗莱克斯纳不得不让步。爱因斯坦在研究院给了他的助理迈尔一个独立的长期职位，但迈尔后来不愿再担任数学助理，而是想作为一个独立的数学家继续做研究。于是，在刚到研究院的那几年，爱因斯坦不得不放弃自己的助手。

到达普林斯顿后不久，艾尔莎·爱因斯坦写信给一位在纽约的旧识："小玛戈特会在圣诞节前后到，在这里和我们一起待几个月。如果一切顺利的话，我们会在这里待到3月底，然后去西班牙和法国，我先生也接受了那里的教授职位。"她不知道，拥有常青藤盟校的普林斯顿将是她和阿尔伯特的新故乡，这所学校里那些掌管事务的信奉新教的白人正在用怀疑的目光打量着这个不修边幅的犹太教授。在一栋双户住宅里住了两年之后，艾尔莎和爱因斯坦决定在美国定居并在1935年夏天找到了一处新居。他们买下了位于梅塞街112号的房子。今天，这栋房子由高等研究院负责租赁管理，这里也成了一个"国家历史地标"。这栋房子被登记在艾尔莎的名下，2002年有人甚至为它谱了一首曲子，名叫《爱因斯坦和梅塞街》，由男中音歌手演唱、管弦乐队演奏。他们将柏林哈贝尔兰德街公寓里的家具搬到了这栋房子里，包括那架钢琴。除了地毯还有一些被纳粹冲锋队抢走的物件之外，其他家具都由继女伊尔泽和她丈夫以及海伦·杜卡斯负责交给搬家公司运到了法国，再从那里上船运往美国。至于爱因斯坦的文件和书信，除了那些留在卡普特度假屋里的，其他都委托法国大使馆以外交信件的名义被寄到了美国。

在他们搬进梅塞街时，伊尔泽·凯瑟已经在荷兰下葬。在女儿重病（肺结核）时，艾尔莎在她身边陪伴了近两个月，直到1934年7月，她在巴黎去世。虽然阿尔伯特将艾尔莎送上了远洋汽轮，但他自己却不想再见到伊尔泽。若干年前，他也曾被她深深地吸引，考虑娶她为妻。他在罗德岛海岸的守望山（Watch Hill）高级度假胜地度过了夏天。爱因斯坦在美国也有一艘帆船，是一艘单桅艇，在各地度假时他都把它带在身边。多年来，他喜欢去纽约州北部阿迪朗达克山区的诺尔伍德俱乐部，在那里驾船出海。他从未学过游泳。对他的帆船驾驶技能，大家也评价不一。可无论如何，他喜欢在无风的时候驾船漂流，好几次在深夜被担心他的朋友划船送回。艾尔莎住进了新家，却面无喜色。伊尔泽的去世给了她沉重的打击。她在给记者和租户权益维护先锋海因茨·诺登（Heinz Norden）写信时提到，她的丈夫心态很平和，她说："他是一个出色的伦理学家，做了许多好事，创造了很多有价值的东西，但个人的命运对他来说不算什么。"1933年9月，埃伦费斯特，他这个对自己过于严苛的朋友在荷兰自杀身亡，不知道他对此事是何感触。

在普林斯顿，爱因斯坦仍在研究玻恩、海森堡、狄拉克

（Dirac）和约尔当的量子理论。该如何理解粒子的量子力学状态呢，即通过观察某处一个微粒的测量参数便可测出在别处与该微粒相关联的另一个粒子的状态？这看起来像是一种超距作用，但事实并非如此，因为测量过程未将信号从一个地方传输到另一个地方。在1935年爱因斯坦与鲍里斯·波多尔斯基（Boris Podolski，1896—1966）和纳森·罗森（Nathan Rosen，1909—1995）这两位年轻的同事共同发表的文章中，他表明这种情况与现实概念不相容。因此，量子理论还不完善，更深层次的理论有待发现。许多物理学家认为，这项工作印证了这句格言："不应该存在的事物，它也不可能存在。"因为爱因斯坦坚持认为经典物理学里用于描述宏观物体的实在性概念也一定适用于量子领域。此后，为决出爱因斯坦与多数物理学家之间的胜负而进行的所有实验都表明，量子理论得到了验证。在这篇3人合写的论文中，爱因斯坦认真研究了薛定谔提出的无法再分解为独立子态的量子纠缠态，但对它的解释是错误的。

　　1935年5月和6月，爱因斯坦一家来到英属百慕大群岛度假。1936年1月15日，阿尔伯特在美国申请入籍，称他最近一次出境地是在百慕大。当时他还必须填报自己的"种族"，他写了"希伯来人"，公民身份是"德国人"。艾尔莎身体状况还不错，但是病情正在加重。不久，她不得不因为心脏和肾脏问题开始接受治疗。1936年暑假，她去了阿迪朗达克山区，在弗劳尔湖畔的萨拉纳克避暑度假，病情没有很大的好转；心脏越来越不听使唤。12月初，她立下遗嘱，将梅塞街的房子留给了女儿玛戈特，为的是防止在她去世后爱因斯坦的新伴侣搬到梅塞街来。圣诞节前4天，艾尔莎去世了。爱因斯坦给马克斯·玻恩写信时附带提到了此事，他说道："我在这里安顿得很好，像熊窝在它的洞穴里一样，其实在我多事的人生里，我比以前更有家的感觉了。这位比我人缘更好的伴侣去世后，这种窝在家里的感觉变得更强烈了。"作为秘书和管家的海伦·杜卡斯和继女玛戈特还继续住在家里；在柏林时，爱因斯坦就曾经担心过自己不得不独自生活。1936年，他的儿子汉斯·阿尔伯特发表了博士论文《泥沙运动的概率问题》，获得了苏黎世联邦理工学院的博士学位。之后，他又发表了多篇论文，成了水利泥沙运输方面的知名专家。不知道爱因斯坦是否为此感到欣慰。1938年，汉斯偕全家来到美国，起初他在南卡罗来纳州的农业试验站工作，后来进入了美国农业部加利福尼亚试验站。1941年，他和妻子弗里达收养了一个在芝加哥出生的8天大的婴儿，取名伊夫林。伊夫林在晚年时抱怨她的养父和他的第二任妻子待她不善，并且怀疑是因为爱因斯坦的缘故才被收养的，自己有可能是他的第二个私生女。贝索偶尔会提起爱德华，比如他在米列娃的公寓里精彩的钢琴演奏，他已经一年没有离开过那里了。

爱因斯坦在1937年6月给贝索写信说："这里的好处是，我可以和年轻的专业人士一起工作。值得注意的是，在这漫长的一生中，我只与犹太人合作过。……我觉得这样很好，一个人沉浸在自己的爱好中，与外面的世界保持一定的距离；因为否则就很难保有今生的快乐。"这个时期与爱因斯坦合作过的"年轻同事"有上文提到的伯克利大学的纳森·罗森和来自苏联的鲍里斯·波多尔斯基，据说他是俄罗斯间谍，这个身份在爱因斯坦去世后才被揭穿。此外，还有来自克拉科夫的波兰物理学家利奥波德·因费尔德（Leopold Infeld，1898—1968）和英国的班纳什·霍夫曼（Banesh Hoffmann，1906—1986），霍夫曼在普林斯顿完成了他的数学博士论文。爱因斯坦与因费尔德及霍夫曼一起试图借助他的场方程，通过大量艰苦的计算粗略地确定几个引力相互作用的质量体的轨道，这也被称为爱因斯坦—因费尔德—霍夫曼理论（EIH-Arbeit）。

　　享有盛誉的爱因斯坦还像年轻时一样，不向权威低头。比如，他不愿接受美国顶级物理学杂志《物理评论》当时推出的一个规定，这个规定如今已经成为标准，即提交的文稿在发表前必须接受评审。当他的一篇论文被写上评论退回来的时候，他给这份杂志的发行人写信，坚决地说道："我们，罗森先生和我将稿件寄给您出版，并没有授权您在印刷前交给专家查看……"他把这篇论文交给了一家要求没那么严格但也没那么受欢迎的杂志，并且再也没有在《物理评论》上发表过文章。

　　爱因斯坦早年在普林斯顿的一项重要的非学术性工作是，

他要回复那些来自欧洲的求职信以及想进入美国的求助信。自从1935年《纽伦堡法案》剥夺了犹太人的政治权利后，大家更加迫切地想要离开德国。来到美国的移民必须出示一份由当地公民提供的担保声明，即"宣誓书"。爱因斯坦提供的这种担保具体数目不详，但应该不少，比如他给作家赫尔曼·布洛赫（Hermann Broch）和小提琴家鲍里斯·施瓦茨（Boris Schwarz）出具了担保，他后来成了纽约皇后学院的音乐教授。同时还有一些亲戚也得到了他的帮助，比如1933年，有一个斯图加特的"堂妹"丽莎·爱因斯坦（Lisa Einstein），1938年，有一个乌苏拉·爱因斯坦（Ursula Einstein）。他还为与他同姓的音乐家阿尔弗雷德·爱因斯坦写过推荐信，但没有给哲学家卡尔·雅斯贝尔斯（Karl Jaspers）提供这样的帮助。爱因斯坦必须严格选择担保对象。马克斯·玻恩（参见第六章）为他在布拉格的同事大卫·莱辛斯坦向他求助，但是爱因斯坦觉得这人"有些病态"，不愿意帮他。对于玻恩提到的其他人，即印度阿里格尔穆斯林大学的实验物理学家鲁道夫·塞缪尔（Rudolf Samuel）和哥廷根的数学家、纳粹党反对者汉斯·施韦特费格尔（Hans Schwerdtfeger），他也无能为力。1938年9月，贝索也请他为一个持意大利护照的"手工艺人"及其家人做担保。爱因斯坦明确地回复道："我不能再提供宣誓书，如果我再出具新的，这会影响到那些还没有解决的担保请求。我认识的那些有点家底的朋友也快山穷水尽了。那些穷困的朋友给了我们太多压力，面对巨大的苦难和微弱的求助机会，我们几乎是绝望的。"当时，几乎没有人像来自施瓦本劳普海姆的好莱坞电影大亨卡尔·莱姆勒（Carl Laemmle）那样财富雄厚，据说他提供了大约300份保证书。

诺贝尔文学奖得主托马斯·曼（1875—1955）既不需要爱因斯坦的担保，也没有身陷危机，他属于那些被优待的移民。普林斯顿大学聘他为讲师，请他开课讲学。曼于1938年来到这里，在这所学校工作了两年半。他开设了关于德国浪漫主义文学和欧洲小说的讲座课，还举办过关于歌德、瓦格纳和弗洛伊德的公共讲座。1939年，他获得了荣誉博士学位。他与爱因斯坦及其他流亡者有过社交往来。曼夫人从上往下打量着爱因斯坦和他那双"大眼珠子"，觉得他有特殊的天赋，但并没有什么让人特别激动的。曼在普林斯顿完成了小说《绿蒂在魏玛》，开始了《约瑟夫和他的兄弟们》第四卷的创作并出版了杂文《希特勒兄弟》的第三版。之后，曼搬到了他在加利福尼亚新建的一处别墅里。

托马斯·曼与爱因斯坦也会在一起谈论政治。两人都反对纳粹，因此成了朋友。关于外交政策的话题有很多，西班牙内战、意大利的阿比尼西亚战争、《慕尼黑协定》中的苏台德地区的吞并问题，当然还有纳粹德国的整体政治。1938年底，爱因斯坦给巴黎的朋友索洛文写信说："太可怕了，法国出卖了西班牙和捷克斯洛伐克。最糟糕的是，它们将会狠狠地报复。"

他还对贝索明确地说道："我对欧洲的未来不再抱有任何希望。美国在扼杀西班牙的过程中也大力配合。因为在这里，事实上也是金钱和布尔什维克的恐慌在主宰着一切……"1935年，随着德国大规模重整军备，他预计"两三年内"将会发生战争。在他眼里，希特勒在精神上是个可怜虫，"他极其仇恨外国，仇恨德国犹太人这个手无寸铁的少数群体。他特别憎恨这些人，认为他们有着一种令他感到不安的精神气质，而他认为这种气质不无道理地被视为'与德国不符'"。在爱因斯坦和其他人的共同努力下，被关在集中营里的记者、德国人权联盟成员卡尔·冯·奥西茨基（Carl von Ossietzky）成功获得了诺贝尔和平奖。希特勒政权的恐怖活动愈演愈烈，美国人对欧洲的事态漠不关心，他遗憾地说道："许多美国人，甚至许多和平主义者，他们的想法是这样的，他们说：'就让欧洲沉沦吧，如果它不配有更好的结果的话。我们将袖手旁观，不闻不问。'我认为这种态度不仅有失身份，而且非常短见……"

初到美国的那几年，爱因斯坦不愿公开发表重大声明，这是可以理解的。但一些他在德国就开始关心的政治问题仍然在牵动着他的心：比如抵制战争、创建和平、维护个人自由，以及在美国大学里也能感觉到的反犹太主义。他自认为还和以前一样，自己是个"热心的"和平主义者，还在提议通过"拒服兵役来反对战争"。只是现在需要采取其他方法，即建立一个"存有理性的国家联盟"或是一个"足够权威的国际军事或警察力量"。他说:"因为(和平主义的)最高目标,是应该通过国际组织避免战争,而不是现在停止重整军备,避免卷入国际争端。"爱因斯坦希望,西方国家尽早采取行动,反对希特勒。同时,他对美国的孤立主义表示遗憾。至于自由,对他来说是不容商讨的,他说:"学术自由、保护少数民族和小众教派是一个自由国家的基本准则。"不幸的是,爱因斯坦对社会主义、和平主义以及世界政府的政治设想与当时美国政治阶层及大部分民众的想法完全相反。这种情况在后来的日子里并没有改变。1954年,他给比利时王后伊丽莎白写信说道:"在我的新故乡,我已经成了那类捣乱分子,因为面对发生的一切,我无法保持沉默。"

1938年,他又开始关心犹太人的自治问题。由于他不相信宗教,他不得不重新定义他的犹太身份。自1920年以来,他一直认为这是他生命中最重要的元素。他认为,犹太传统中有两个组成部分特别重要:一是追求社会公正的民主理想,结合互助和宽容这两个概念;二是高度重视各种形式的知识追求和精神追求。他将摩西(Moses)、斯宾诺莎(Spinoza)、卡尔·马克思(Karl Marx)奉为榜样。如果这些理想在日常生活中没有完美地得到实现,也是可以理解的。至于犹太人作为一个种族,他们"无疑是一个混合的种族,正如人类文明的其他群体一样",即使他们"几千年以来主要是在他们的族内通婚"。因此他很反对,纳粹将犹太人与所谓的雅利安人区分开来，这种做法毫无意义。爱因斯坦认为，"潜在的反犹太主义"作为一种社会和心理现象，它在某种意义上是"民族生活中的一种正常现象"。他也在反复思考自己与犹太复国主义的关系。尽管他很感激这场复国运动，但他不赞成建立一个犹太民族国家，不过他理解这个想法，他说："如果我们回到国家这个概念的政治意义层面，就等于背离了我们团体精神化的方向，而这要归功于我们的先知的智慧。但是，如果外部的压力迫使我们去承担这一重任，那让我们用机智和耐心来扛起这副担子吧。"

第九章 ———— 原子弹的推动者、
道德的警世者
和孤独的科学家

　　因为遭受反犹太主义排挤的经历，爱因斯坦认为黑人和白人之间的种族隔离制度是不可取的。普林斯顿也存在这个现象，但在高等研究院没有。1937年，当著名黑人歌手玛丽安·安德森（Marian Anderson）在普林斯顿被一家酒店拒在门外时，他请她留宿在自己家中。在普林斯顿的一次演出中，他还结识了黑人歌手及演员保罗·罗贝森（Paul Robeson）。他们在社会主义、反法西斯、反种族歧视这些问题上观点一致，这让两人成为朋友，直到爱因斯坦去世。从1938年7月起，犹太人在意大利也突然开始遭到排挤，逐渐丧失他们的权利。爱因斯坦的妹妹玛雅·温特勒和她的画家丈夫保罗当时在佛罗伦萨附近经营着一家小农场，他们决定移民去美国。保罗因为健康问题被拒绝入境，他去日内瓦投靠了他的小舅子米歇尔·贝索，而玛雅则在1939年2月来到普林斯顿，住到了阿尔伯特家里。爱德华和米列娃一直都在苏黎世。1939年，爱因斯坦与米列娃产生了矛盾。他们卖掉了两栋房子还是不足以支付爱德华的治疗费用。为了防止最后一栋房子被强制拍卖，爱因斯坦不顾米列娃的请求，将房子卖给了一个人，条件是她有权终生居住在这里。尽管如此，她还是收到了退房通知。不过，在朋友们出面干预后，她可以继续住在那里。这栋房子售价8.5万瑞士法郎，买家没有将钱直接汇入爱因斯坦在美国的账户，而是交给了米列娃。据说，在她死后，在她的床垫底下发现的正是这笔钱。

这个时期，爱因斯坦觉得"欧洲就好比一座城市，虽然城内的小偷和杀手组织严密，但是遵纪守法的公民们却无法决定是否组建一支警队"。这段话应该是在批评德国重整军备时法国和英国的观望态度。至于苏联，爱因斯坦曾在1929年向社民党财政部部长希法亭（Hilferding）请求，让苏联政治家列夫·托洛茨基（Leo Trotzki）在德国获得庇护。现在，美国的调查委员会（杜威委员会）正在审查苏联当时对托洛茨基的控告，他拒绝协助调查。他认为托洛茨基可能会利用该委员会来推进其政治目的。1936年至1938年，斯大林公审在莫斯科大规模的"肃反"运动中展开，大约150万人在这场运动中惨遭不幸，他们有的被暗杀，有的被送进了劳教所（古拉格）。爱因斯坦从未公开发表过反对意见，他甚至在给马克斯·玻恩的信里婉转地表示，这件事有其正当性，他写道："顺便说一句，越来越多的迹象表明，俄罗斯公审不是一场骗局，而是那些人的阴谋，他们觉得斯大林是一个愚蠢的反动分子，他背叛了革命理想。的确，我们很难从内心深处去理解这样的事情，但那些最了解俄罗斯的人其实都是这种观点。"谁是这些"最了解"俄罗斯的人，我们不得而知。和几年前一样（参见第七章），爱因斯坦又站到了斯大林的阵营。这是他在《希特勒－斯大林公约》[1]之前的立场，这个条约于1938年8月在莫斯科签订，放手让希特勒在9月1日入侵波兰。爱因斯坦认为，苏联签订这份"不幸的"协议是为了"将德国的战线转移到东部"。在为"犹太战争援助委员会"所做的同一份声明中，他说："没有人会否认，在俄罗斯政界存在着严重的强权胁迫。部分原因可能是必须要瓦解前统治阶层的势力和确保国家免受外部危险……我不打算对这些困难的问题做出判断……"有人想对斯大林发起抗议并请求爱因斯坦支持，他回复道，公众的目光不应该被转移到苏联的错误行为上，因为他们已经在俄罗斯推行了许多改进措施。爱因斯坦希望，他的理想主义的想法可以实现，但是这反而妨碍了他的政治判断。这在他于1941年12月美国加入"二战"后第三天给苏联大使利特维诺夫（Litwinow）的信中也有所体现，他说："难道您不能根据俄罗斯目前的决定性地位，让罗斯福（Roosevelt）试着让美国加入到一个新的并有决定性保障的国际联盟中吗？"直到1953年，9名医生在莫斯科公审中被指控谋杀苏联领导人，其中有6位是犹太人，爱因斯坦才决定对这个不公正的事件进行谴责。不久，斯大林去世，这几位医生因此得救了。

在物理学界也发生了一件不寻常的事。1938年12月，柏林威廉皇帝化学研究所所长奥托·哈恩（Otto Hahn）与他的

1　指的是《苏德互不侵犯条约》。——译者注

同事弗里茨·施特拉斯曼（Fritz Straßmann）发现，在慢中子射线的轰击下，铀会裂变成多个碎片：这是核裂变的第一个实例！不带电的中子与带正电的质子是所有原子核的基本构成部分。1934年，恩里科·费米（Enrico Fermi）在罗马进行了一个类似的实验，他误以为在这个实验中生成了比铀更重的元素。在1939年2月之前，哈恩发表了两篇文章，他向他的同事莉泽·迈特纳（Lise Meitner，已移居瑞典）通过信件提供了一些信息之后，法国、英国和美国随即出现了一些研究小组，开始进一步研究核裂变问题。费米曾在1938年因为他的犹太妻子而离开意大利去了美国。哈恩已经发现，在核裂变过程中会进一步产生中子。大家立刻意识到，裂变的过程将释放巨大的能量，并可能发生链式反应，即被释放的中子可以进一步促使铀核裂变。1939年，大家通过德国理论物理学家西格弗里德·弗吕格（Siegfried Flügge）发表的一篇文章得知，原则上人们可以以此来建造发电站（原子堆），制造武器（原子弹）。在希特勒带领德国发动战争之后，法国和英国的主要研究人员对他们在铀裂变研究中取得的部分进展做了保密工作。

在柏林弗里德里希·威廉大学任教的理论物理学家利奥·西拉德与爱因斯坦为一台无须机械运动制冷的冰箱申请了专利，西拉德在希特勒上台之后首先去了英国。早在1934年，他就在专利说明书里描述了用于发电的核电池以及超过临界质量时链式反应的开端。他对这份专利做了保密处理，因为他意识到了这场来自德国的战争的危险性。移民到美国之后，他也在那里重复了哈恩的实验。他联系了阿尔伯特·爱因斯坦，说服他给富兰克林·罗斯福总统写了一封信，表明原子弹的威力，提醒总统以希特勒为首的德国可能造出原子弹，情势危险，必须保护铀矿。罗斯福在10月初才收到这封1939年8月2日的信，他任命了一个工作小组（布里格斯委员会）去开展理论研究，并协助准备实验。美国总统已经从英国的《莫德报告》[1]中了解到，在一台同位素分离装置的帮助下，可以用铀235制造原子弹。天然铀是由同位素铀238和一小部分（低于1%）铀235组合而成。由于只有铀235才会在慢中子的作用下发生裂变，进而对链式反应起到决定性作用，因此必须将这两种同位素分离开来。

爱因斯坦对布里格斯委员会的工作表现积极。他与西拉德都认为，委员会所做的工作太少，于是他们在1940年3月给罗斯福写了第二封信，信中特别强调，在卡尔·弗里德里希·冯·魏茨泽克（Carl Friedrich von Weizsäcker）的带领下，柏林威廉皇帝学会物理化学研究所成立了"铀工作小组"。这封信于1940年4月被送到罗斯福手中。直到1941年12月初，

---

1 《莫德报告》(Maud-Bericht) 源于英国莫德委员会（MAUD Committee），是一个英国科学家协会。莫德在英语中是铀爆炸军事应用的缩写。1940年4月至1941年3月期间，这个委员会致力于建造原子弹，委员会的报告对于后来的"曼哈顿计划"具有重要意义。——译者注

日本偷袭珍珠港，生产原子弹的曼哈顿计划方才紧锣密鼓地拉开了序幕。在遇到同位素的分离问题时，"研究与开发办公室"找到了爱因斯坦。他在1941年底提出了一个解决方案。因此，与他在战后发表的多次声明相反，爱因斯坦确实为原子弹计划出了一份力，尽管它可能毫无用处。爱因斯坦从未对核物理感兴趣；他缺乏这方面的知识。此外，根据美国联邦调查局的档案，他被视为安全隐患，因为他公开表达了对社会主义和苏联的同情。因此，官方不允许他对曼哈顿计划有任何了解，当然也不允许他了解计划的进展。

　　1945年3月，曼哈顿计划取得了突破性进展，可以开始制造原子弹了。这个计划的冶金部负责人西拉德感到良心不安。当月，西拉德参与书写的《弗兰克报告》（Franck Report）被送到罗斯福总统手上。西拉德请爱因斯坦写了一封附信支持他们。对爱因斯坦来说，这意味着一种平衡行为：毕竟他不被允许知道报告中的内容。他在信中写道："西拉德博士目前的工作有保密要求，不允许他向我讲述他的工作。但我知道，他目前非常担心，这项工作中的科学家与负责制定政策方针的内阁成员之间沟通不足……"用通俗的话说就是：现在原子弹已经造好了；请你们仔细考虑，是否以及如何投入使用！4月，罗斯福去世了，他还没来得及阅读这封信。7月，在美国首次原子弹爆炸实验取得成功之后，这封信被转交到了他的继任者哈里·S.杜鲁门（Harry S. Truman）手里。此时，杜鲁门正在前往波茨坦参加同盟国会议的路上，他更多的是在考虑如何向斯大林示威，而不是放弃使用这个造价高昂的新型武器。巫师的学徒西拉德、他的助手爱因斯坦以及所有参与曼哈顿计划的物理学家、化学家和工程师将无法摆脱这把制造祸端的魔法扫帚了。据说，爱因斯坦在位于阿迪朗达克的下萨拉纳克（Lower Saranac）湖边的避暑庄园度假时通过收音机听到，1945年8月6日广岛被投放了原子弹时，他喊了一句："噢，天哪！"8月11日，他在那里的诺尔伍德俱乐部（Knollwood Club）举行了一次新闻发布会；他认为，"只有通过成立一个世界政府，其法律为各国提供安全保障，如此才能拯救文明和人类。只要苏联继续武装自己，并对军备保密，新一轮的战争就不可避免"。这是一番实话，但即使在今天，这在政治实践中也几乎行不通！无论如何，国际联盟的后继组织联合国在经历了初期的发展后于1942年成立了，它在1945年2月的雅尔塔会议中通过了宪章。

1940年10月，爱因斯坦与他的继女玛戈特和海伦·杜卡斯一起对着美国宪法宣誓，成为美国公民，他同时保留瑞士国籍。1944年3月，他从高等研究院退休的日子临近了。因为他想为美国赢得战争出一份力，于是从1943年5月31日至1945年6月30日，他作为技术员被美国海军部武器局雇用，日薪25美元，接着他在1945年7月1日至1946年6月30日这一年里在武器局里担任顾问。海军鱼雷上的磁感引信不太稳定，爱因斯坦要对鱼雷的触发装置和炸药的布置提出改进方案。和物理学一样，他在这里又开始了思想实验。不同的是他对军事技术的发展现状不甚了解。他的改进方案可能与德国海军在1940年一次危机后推行的方案类似，他当然不可能知道这些方案。专家认为，爱因斯坦所做的贡献很一般，这就提出了一个问题：他为什么会被海军雇用呢？谁该让谁感到欣慰呢？是爱因斯坦通过他的威望给武器局的同事们增加信心，还是海军让爱因斯坦觉得他可以为打败纳粹政权做出贡献呢？但是，对爱因斯坦而言，为海军工作是次要的。他仍在从事科学研究，他与两位出生在柏林的同事，瓦伦丁·巴格曼（Valentine Bargmann）和彼得·G.贝格曼（Peter G. Bergmann）一起探寻统一场论的各种方法。它最初被认为是广义相对论的延伸，其中包含了电磁场。但是，爱因斯坦希望它能成为更深入的理论的基础，从而取代量子理论。

除了这些工作之外，爱因斯坦还必须提防自己的名声被滥用，保护自己的私人生活。在他和一个朋友开车经过纽瓦克机场时，他还没来得及参观，市长就来了，要和他合影，这对竞选是有利的。梅塞街的门外会有一些没有预约的访客，据海伦·杜卡斯记录，有一个人说，他来美国就是来"看世博会、爱因斯坦教授和科罗拉多大峡谷"的。慈善晚会和周年庆典的邀约算是少的，此外是各种由头的书面、电话通告以及访谈，特别是报刊的约稿！举几个例子可能就够了：1941年1月，为了帮助难民儿童，爱因斯坦甚至在普林斯顿再次公开演奏小提琴，由钢琴家盖比·卡萨德斯（Gaby Casadesus）为他伴奏。1943年5月24日，他在纽约卡内基音乐厅发表演讲，纪念哥白尼（Kopernikus）逝世400周年。1945年12月10日，在同一城市举行的阿尔弗雷德·诺贝尔（Alfred Nobel）的纪念晚宴上，他发表了题为《战争赢了，和平却没有!》的演讲。他说，科学家们应该推动原子弹的建造，防止敌人"比我们抢先一步。考虑到纳粹的心态，我们可以想到，如果他们抢先制造出原子弹，后果将不堪设想，世界会被摧毁、被奴役。这枚武器已经被交到了美国和英国人民的手里，他们是全人类的受托人，是和平与自由的捍卫者"。

此外，寄来的稿件像雪崩一样将爱因斯坦淹没，他需要时间来对它们进行审查。他似乎很坦然地接受了这个工作，赋诗曰：

　　我非恶类，
　　愿助诸位，
　　得幸之人，
　　皆有所成。

躯体心理疗法的创始人威廉·赖希（Wilhelm Reich）也想获得爱因斯坦的支持来实现自己的目的，此人与西格蒙德·弗洛伊德观点不合。令人惊讶的是，对精神分析极为保留的爱因斯坦在1941年1月接待了赖希的来访，与他长谈了5个小时，并且测试了他的倭格昂能储存器（Orgon-Akkumulator）。赖希认为，他发现了一种新的能量，叫倭格昂能（Orgon），它的本质应该是"生物的"或是"原始宇宙的"。为了验证它的存在，他制作了倭格昂能储存器，这是一个金属（法拉第）盒，盒身被一层纸板或者木板包裹起来，整体是一个多层的结构。它应该可以用来收集倭格昂能，如果储存器内的温度持续高于环境温度，则说明验证是成功的。爱因斯坦把这个仪器放在桌上，进行了实验。他发现，按照赖希的说法，一周之内，在他的办公室里出现了正向温差。他的助理因费尔德认为，这是热对流（桌面上下的气流）造成的，爱因斯坦似乎被这个解释说服了。如果找不到物理解释，可能会出现与热力学第二定律相矛盾的情况。爱因斯坦简短地回复赖希说："我希望，它能激发您的怀疑精神，希望您不要被一个很容易理解的幻象蒙蔽了。"

成了孤家寡人的爱因斯坦依旧精力旺盛，他的生活中不能没有女性相伴。早在1935年，普林斯顿大学就请来居住在美国并为多位美国名人做过雕像的俄罗斯雕刻家谢尔盖·科伦科夫（Sergei Konenkov，1874—1971），请他为爱因斯坦创作了一座雕像。这座雕像看起来十分中规中矩。在与科伦科夫会谈时，爱因斯坦认识并爱上了他的夫人玛格丽特·科伦科夫娃（Margarita Konenkova）。可以肯定的是，阿尔伯特在1945年和1946年写给玛格丽特的9封情书被她的一个亲戚带到了拍卖会上。阿尔伯特在信中写道："这里的一切让我想起了你，阿尔玛的毯子、字典，那只我们以为已经坏掉的精美的烟斗，以及我房间里的其他小物件；还有这个冷冷清清的小窝。"在爱因斯坦的档案中找不到玛格丽特写给阿尔伯特的信。"二战"结束后，科伦科夫妇回到了莫斯科；爱因斯坦亲自找到俄罗斯驻纽约副领事，为他们办理了必要的证件。一名叛变的苏联间谍声称，玛格丽特是苏联情报部门安插在爱因斯坦身边的间谍，用来窃取他的科研成果。2006年，俄罗斯作曲家伊莱达·尤苏波娃（Iraida Yusupova）和她的编剧薇拉·帕夫洛娃（Vera Pavlova）将这段有背景的风流韵事编成了歌剧《爱因斯坦和玛格丽特》。

　　同一时期，爱因斯坦还认识了出生在杜塞尔多夫的好莱坞电影明星路易丝·赖纳（Luise Rainer），他可以和她说德语。1939年，她和她的丈夫受到一个物理学家朋友的邀请，与爱因斯坦有过一次会面。这次见面气氛暧昧，在一张与路易丝的合影中，阿尔伯特看起来已经坠入了情网。后来她只说她的丈夫吃醋了。爱因斯坦应该喜欢上了她的活泼。路易丝·赖纳于2014年12月30日在伦敦去世，享年近105岁。3年前，她在一次采访中说道："我不知道他（爱因斯坦）是不是我的影迷；他成了我的朋友。"住在梅塞街的3位女士对此有何想法，我们并不清楚。1946年，爱因斯坦的妹妹因中风卧床不起。多年来，他一直都非常关心她，为她读书，直到她大脑衰退，最终在1951年离开人世。而在3年前，米列娃就已经在苏黎世去世。之后，爱德华一直住在医院里。因为爱德华的关系，爱因斯坦从1947年开始又与赞格尔恢复了通信，他希望爱因斯坦可以给爱德华写一封信。由于赞格尔对德国犹太人的处境发表了不经意的言论，爱因斯坦心生芥蒂，中断了通信，显然，赞格尔长期以来对他的支持并没有被他铭记在心。

在1943年西西里岛和1944年诺曼底被入侵之后，战争的进程明显发生了变化，盟军占据了优势。在美国，关于德国战后的地位问题的讨论越来越激烈。爱因斯坦也参与了这次讨论。1944年6月19日，他在回复《自由世界》(Free World) 杂志的提问时写道："德国人可以被杀害或镇压，但不能在可预见的未来接受教育，进行民主的思考和行动。"在一些私人信件中，他的态度变得更加明确。6月，他向一位犹太经师的妻子表示，看到德国被轰炸，他很满意。他写道："为什么不公开说出来？过去，我从来不相信，我会有如此强烈的报复心理。我也知道，这很愚蠢；因为我知道，很遗憾，上帝把这些家伙就造成这个样子（如果这真的是他亲自所为的话）。"同一天，他给柏林的一个朋友，移民到巴勒斯坦的医生汉斯·米萨姆 (Hans Mühsam)，写信说道："看到德国受到了四面八方的攻击，我当然觉得非常欣慰。但是他们作恶多端，却没有得到应有的报应。"他甚至想借助神的力量，他希望，"在上帝仁慈的帮助下，德国人将会在战争结束时大规模地互相残杀"。以下事件可以帮助我们更好地理解他的态度。自1942年初以来，华盛顿当局已经得知，纳粹德国在东欧的占领区内大肆屠杀犹太人，但公众却不太了解，比如《纽约时报》就没有对此进行报道。他们在柏林的联络员圭多·恩德里斯（Guido Enderis）可能是纳粹的支持者。爱因斯坦了解得可能更清楚。在他的号召下，莫斯科的"犹太反法西斯委员会"，即以作家伊利亚·爱伦堡（Ilja Ehrenburg）为首的一群知名犹太学者，他们自1943年夏天以来一直在搜集有关国防军在苏联占领区内杀害犹太人的文件和证人报告。一本黑皮书将被出版。然而，在刊印时他们遇到了来自各方的政治阻力以及苏联审查机关的阻挠。因此，这本书直到1980年才在以色列面世。1944年7月底，麦达内克（Maidanek）集中营被解禁后，爱因斯坦知道了那里的暴行。就在此时，匈牙利国家元首霍尔蒂（Horthy）停止了将匈牙利的犹太人送往集中营的行动。爱因斯坦表示，这对他们已经没有什么帮助了，他批评道："……当麦达内克和奥斯威辛落入盟军之手，毒气室这种手段为世界所知时，所有营救罗马尼亚和匈牙利的犹太人的努力都落空了，因为英国政府向犹太移民关闭了大门……"在华沙犹太人聚居区被毁灭时，他写道："如果世界上还有正义的话，德国全体国民都应对这场大屠杀负责，他们必须作为整体受到惩罚……站在纳粹党身后的是德国人民。"1944年9月，爱因斯坦终于得知，他的表兄罗伯特的妻子（非犹太人）和他的两个女儿在佛罗伦萨附近的特罗吉被德国士兵杀害了。

第十章 ——— 无法超脱的智慧老人

　　1945年3月,"二战"在欧洲即将结束,爱因斯坦给西海岸的一个熟人写信说:"所以我们现在还是看到了,那边的可耻之事正在落入尘埃。从长远来看,这场可怕的战争甚至会有好的结果。如果在未来的世界政府宫殿的前厅放置一尊可悲的希特勒的雕像,也不是完全没有道理,他是推动人类认识到建立超国家组织之必要性的有力推动者。"建立一个未来的世界政府,这是爱因斯坦在无数次关于世界重组的声明中反复提出的要求。他这么做的理由是希望避免未来的战争,它会因为核武器的投入使用而产生比这场即将结束的战争更加可怕的无法预见的后果。在一篇题为《原子战争与和平》的文章中,爱因斯坦进一步阐述了他的想法:"原子弹的秘密应该委托给一个世界政府进行保守……美国、苏联和英国应该联合成立一个这样的世界政府……这3个国家必须将它们所有的军备力量交由世界政府支配。"为了消除俄罗斯方面的疑虑,可由不清楚原子弹秘密的苏联为这个政府制定宪法。难道爱因斯坦没有想到,苏联和其他国家也能发现"原子弹的秘密"?在一年后的一个广播讨论中,他意识到世界政府方案的前提是,"民族主义的传统和偏见必须有重大转变","但现在核武器和其他大规模杀伤性武器没有给我们留下很多时间:人类本来可以在几百年内逐步实现这些计划，但现在我们必须毫不迟疑，立刻采取行动"。爱因斯坦从心底发出的呼吁在短时间内没有实现的机会。他自问自答道："我害怕世界政府的专制吗？当然！但我更担心会爆发新的战争。"

很快事实表明，苏联拒绝世界政府这个提议。爱因斯坦依然乐观地说道："即使俄罗斯目前不赞成世界政府这个想法，但在世界政府这个想法实现的过程中，苏联可能会改变它的态度。"如果俄罗斯仍然不同意加入世界政府，其他国家则必须单独进行，至少要有三分之二的经济强国应当参与进来。针对爱因斯坦的提议，甚至像亚伯拉罕·费多罗维奇·约飞（Abraham Fedorovich Joffe）这样的一些俄罗斯知名物理学家也在一封题为《爱因斯坦博士的错误》的公开信中，将世界政府斥为"资本主义垄断的世界霸权的一个闪亮的幌子"，并且指出，考虑到殖民统治关系和经济压力，爱因斯坦提出的由人民直接选举联合国政府代表这个建议只会造成对"群众真实意见的扭曲"。这些指责可能给他留下了深刻的印象。他做了详细的回复，表明了自己的立场。他怀疑，在这封"极具攻击意味"的公开信背后是"一种防御的心理态度"和"几乎彻底的孤立主义倾向"。在这种情况下，他认为："如果管理层至少在某种程度上可以做到对他们的要求的话，那么社会主义经济就会有优势，而且绝对超过它的劣势。另外，我认为，资本主义经济（"自由企业"体系）将无法克服因技术进步造成的日益严重的失业问题，也无法在生产力和人民购买力之间实现健康的平衡。"

　　尽管爱因斯坦在政治问题上发表了许多声明，但他并没有忽视科学工作。在战争即将结束时，复数上的几何学为他探索统一场论带来了一条新的思路。他在给他的朋友贝索的信中说道："你会觉得我现在做的事似乎有点疯狂，也许是这样的。……我认为一个空间的四个坐标……都是复数，所以它实际上是一个八维空间。"他在1945年发表了相应的论文并在1946年与他的同事恩斯特·施特劳斯（Ernst Straus）一起又发表了第二篇论文。它纠正了第一篇论文中的一个错误，并给出了一个新的场方程推导。直到1948年，爱因斯坦一直都在探索这个理论，然后他又回到了实数上的几何学。他还与施特劳斯一起研究了宇宙膨胀对恒星引力场的影响。除了一篇关于引力场中粒子运动的长篇论文（在1949年与利奥波德·因费尔德合作），爱因斯坦在他生命的最后几年一直都在忙于统一场论的发展研究。这个理论可以在数学公式的框架内进行推演；他从未接触过可测量的现象。唯一可用的标准是该理论的逻辑简单性。

　　在他去世前两个月，爱因斯坦给好友索洛文写信说："无论如何，我在引力场理论（非对称场论）的推广方面还是做了相当大的改进。但由于数学上的困难，如此简化的方程也不能用事实来检验。"庆幸的是，他无须知道，他的那些用于已知物理系统的方程已经有了精确的解，然而，这些方程不能正确地描述它们。在多数理论物理学家看来，爱因斯坦的统一场论在他去世前就已经没有意义了；这是一位跟不上物理学发展的老先生的个人爱好。只有《纽约时报》还在使用这样的标题："爱因斯坦的新理论带来了通往宇宙的钥匙"。让人疑惑的是，年轻时才华横溢的爱因斯坦为何到了晚年却在死胡同里徘徊不前了呢。爱因斯坦没有像薛定谔那样，想着在同一个研究领域里再次获得诺贝尔奖，但他显然对自己的广义相对论之路深信不疑，相信自己可以再次踏上这条路。与第一次一样，数学方面已经做好准备。但是爱因斯坦的统一场论失败了，因为它与许多有待解释的经验事实没有丝毫联系，比如基本粒子物理学。

虽然大学授课工作从来不是爱因斯坦的强项，但由于他的威望，这位年近古稀的物理学家成了大学的建校顾问。位于波士顿附近的沃尔瑟姆（Waltham）的一所小型医学院在战后面临破产的威胁，这所学校没有限制犹太学生的录取名额。1946年左右，这里计划建立一所向所有宗教背景学生开放的犹太大学。纽约一个精力充沛的（犹太教）教堂[1]的拉比[2]伊斯拉埃尔·戈德斯坦（Israel Goldstein）非常赞同这个想法，他找来

---

1 这里指的是耶书仑犹太会堂（B'nai Jeshurun）。——译者注
2 拉比（Rabbi），是犹太人中的一个特别阶层，意为老师或智者。——译者注

了包括阿尔伯特·爱因斯坦在内的一些知名人士来支持这个计划。爱因斯坦对美国大学在聘用犹太教授时过于谨慎的态度一直都有所不满。现在，他只希望"确保学校一直由可靠的犹太人来领导和管理"。他同意筹备和筹款委员会以他的名义开展工作，但是大学不可以用他的名字命名。根据戈德斯坦的提议，这所大学将以美国最高法院首位犹太法官路易斯·布兰代斯（Louis Brandeis）的名字命名。在筹备过程中，即在以戈德斯坦为首的开拓规划领导委员会进行选举时，他与爱因斯坦产生了很大的分歧。爱因斯坦想推荐他的朋友奥托·纳坦（Otto Nathan）进入委员会负责监管工作，也是为了让他在这所即将成立的大学里有一个稳定的职位。他要求戈德斯坦退出。对爱因斯坦而言，特别重要的，是新教员的任命要达到最高科学水准。建校工作的参与者之间有很多争议，爱因斯坦还否决了一位选定的候任校长。他的想法没有被接受，之后他便退出了建校筹备会并且今后不想再与布兰代斯大学有任何关系。这所学校在1948年成立时招收了第一批学生，至今仍有良好的声誉。

在广岛和长崎被投放原子弹一年后，爱因斯坦带头创立了"原子科学家紧急情况委员会"，目的是向大众宣传核武器的威力，促进世界和平。利奥·西拉德再次成为有力的支持者，诺贝尔化学奖得主哈罗德·C.尤里（Harold C. Urey）和莱纳斯·鲍林（Linus Pauling）也参与其中。遗憾的是，这个委员会的影响力比较有限，因为美国和苏联分别在1952年和1953

年研发出了氢弹。爱因斯坦的抗议行为只让美国联邦调查局加强了对他的监控。在对联合国以及爱因斯坦倡导的世界政府的想法产生分歧后，委员会于1951年解散了。特别要提到的是，莱纳斯·鲍林还在继续与核武器做斗争，因此他在1962年获得了诺贝尔和平奖，这是他获得的第二个诺贝尔奖。在爱因斯坦去世前一周，他签署了一份由伯特兰·罗素发起的放弃核武器的倡议书，此事表明了他对这件事的担忧程度。这份倡议书在他去世后于1955年7月发表，紧随其后的是内容相似的由18位诺贝尔奖获得者联名签署的《迈瑙宣言》。

　　不久之后，随着约翰娜·范托娃的到来，爱因斯坦的住所又成了"三女士之家"，至少暂时是这样，因为她并没有住在那里。海伦·杜卡斯和玛戈特·爱因斯坦以及这位新来的女士，她们3人年纪相当，都是50岁出头。他与约翰娜·范托娃也能用德语交谈，他在柏林就与她相识（见第七章），1939年她移民到了美国。她在普林斯顿大学图书馆当图书管理员，在地图收藏部工作，她是爱因斯坦生前最后一个女伴。在1953年10月到爱因斯坦去世的这段日子里，她在日记里写道，这个渐渐衰老的男人在努力通过各种活动来掩盖他的疾病。她可以陪他一起驾驶帆船，并像艾尔莎一样为他理发。他读了很多书，对书中的狂放之言和冗长的内容感到气恼。他密切关注政治，自诩为"爆发的维苏威火山"，是一个革命家。海森堡和尼尔斯·玻尔的儿子阿格（Aage）来访后，他觉得海森堡是个大纳粹分子，虽然他是"一个伟大的物理学家，但是为人并不和善"，而阿格则更加亲善，但太过健谈。有趣的是，爱因斯坦在美国的所有情人都来自欧洲，可以和他说德语。在使用母语时，他感到最自在，他是一位令人印象深刻的语言大师。这背后是不是有其他原因呢？1950年12月，爱因斯坦给一位瑞士的朋友写信说道："我在美国已经17年了，但丝毫没有受到美国人心态的影响。我必须避免在思想和感知上变得肤浅的危险，这在这里随处可见。"

在与爱因斯坦的关系中，海伦·杜卡斯一直是个很大的谜。除了是爱因斯坦忠实的秘书，为他打理家政，看家护院之外，她是否像他的儿子汉斯·阿尔伯特怀疑的那样还是他的情人呢？汉斯的猜测不无理由，他们两人在一起亲密生活了数十年，而且爱因斯坦在遗嘱里留给杜卡斯的财产是汉斯的两倍。此外，她有权与他的继女玛戈特在有生之年共同管理他的著作。除此之外我们没有其他令人信服的证据来证实这个猜疑。杜卡斯女士说，在爱因斯坦眼里她就像是一把椅子或是一张桌子。一个更重要的问题是，在爱因斯坦去世之后，海伦·杜卡斯在多大程度上塑造了他的人物形象。在他的遗物被转交给耶路撒冷大学，交到专业的历史学家手上之前，在这20多年的时间里，她和奥托·纳坦有足够的时间来"清理"爱因斯坦遗物中那些在他们看来对他或她的声誉会造成损害的信件和文件。不知道他们两人是否真的这么做了？无论如何，奥托·纳坦在世时一直在法律上守护着爱因斯坦第一个女儿丽瑟儿的秘密；幸运的是，他手里并不握有与此事相关的文件。爱因斯坦的所有绯闻，包括他再婚之前犹豫不决的态度，这些信息都来自杜卡斯和纳坦掌控之外的渠道。

爱因斯坦也一直在积极参与国内政治活动。他参加了反对歧视黑人的运动。1946年，他因为被林肯大学授予荣誉博士学位而到这所学校进行访问，这是美国最早为黑人学生授予学术学位的大学。他在演讲时谈到，种族主义是白人代代相传的一种疾病。他是黑人民权组织"全国有色人种协进会"的成员。1951年，一家法院以"颠覆活动"为由对黑人社会学教授W. E. B. 杜波依斯（W. E. B. Du Bois）进行起诉。爱因斯坦主动为他的人格作保，于是案件被撤销。在麦卡锡（McCarthy）时期，他在公众面前发挥了更有效的作用。他在1953年6月12日的《纽约时报》上发表了一封写给一位名叫威廉·弗劳恩格拉斯（William Frauenglass）的教师的信，此人因为可能被国会委员会传唤而正在寻求建议。反动的政客们对知识分子的思想活动普遍表示怀疑，他们限制教学自由，让所有不配合的人遭受巨大的经济损失。他说："知识分子这个少数群体该如何来反抗这种卑鄙的行为？坦率地说，我只能看到甘地走的那条不合作的革命道路。每个被委员会传唤的知识分子都应该拒绝表态……"第一个按照爱因斯坦的明确指示采取行动的是一个退出共产党的电气工程师，他被公司解雇了，并被指控蔑视参议院。爱因斯坦也不太理解的是曼哈顿项目的负责人，之后担任美国原子能委员会顾问的J.罗伯特·奥本海默（J. Robert Oppenheimer）在他作为机密人员的权力被剥夺时，他为何没有更努力地反抗，为何没有与麦卡锡做斗争呢。

　　1945年至1948年，"二战"后欧洲重组出现了一个重要问题：应该怎么处理被分成4个区的德国？詹姆斯·弗兰克（James Franck）在1945年给爱因斯坦寄去一份正在计划的倡议书，指出了对德国采取"强硬"的手段会带来的一些不良后果。爱因斯坦在12月回信说，他不同意发表这份倡议书。他写道："我不是为了复仇，而是为了尽可能保证免受德国人的进攻；这种保障根本无法通过道德影响来实现。……亲爱的弗兰克！不要去管这件恶心的事了！"1947年3月，爱因斯坦与埃莉诺·罗斯福（Eleanor Roosevelt）及小亨利·摩根索（Henry Morgenthau）等人一起参加了一个"全美德国问题会议"，为莫斯科外交部长会议准备了提案。他在最后的宣言中指出，"任何恢复德国经济和政治权力的计划……都将对世界的安全产生威胁"。很明显，爱因斯坦的态度更加严厉。他认为，不仅是去工业化，而且减少德国的人口也是一种公正的惩罚，托马斯·曼也赞同这个观点。在上述与摩根索的会谈中，他们还要求没收容克大地主的家产。这与爱因斯坦在"一战"后的态度十分吻合，当时他认为应该没收侯爵们的财产；他支持联邦德国在二战后暂时推行的"土地改革"。相反，汉娜·阿伦特

(Hannah Arendt）认为，如果胜利者可以肆无忌惮地实行"强者的权利"，那说明纳粹的思想取得了胜利。

　　无论对德国4个占领区的发展还是对民主德国和联邦德国的成立，爱因斯坦都没有发挥作用。在权威政治家看来，超级大国之间的"冷战"使他的论点失去了意义。他本人对德国充满了怨恨。他在1949年1月给奥托·哈恩写信时说道："纯粹出于洁身自好的缘故，我对参与任何与德国沾边的公共事务都有一种无法抑制的厌恶感。"1951年1月，他不得不在德国恢复功勋勋章时告诉联邦总统特奥多尔·豪斯（Theodor Heuss）："一个有自尊心的犹太人不能与德国的官方机构扯上任何关系。"爱因斯坦并不是个例。他的前助理瓦伦丁·巴格曼失去了亲属，虽然他收到了几次邀请，但他也没有再回到德国。爱因斯坦对他最后一个女友约翰娜·范托娃抱怨："德国人做过的所有可怕的事情都被遗忘了。"他认为德国的政策不可能改变，在他看来，政府是"在军国主义的基础上，在美俄对立的情况下"，想要争取权力。因此，德国政府将大力镇压传播超国家秩序的思想……这里的"军国主义"指的是，1951年在阿登纳（Adenauer）领导下与联邦边防军开始进行的讨论，其中吸纳了希特勒国防军的军官，这甚至发生在联邦共和国重新武装之前。然而，他在1950年12月表露的想法却与事实大相径庭。他说，很有可能"俄罗斯将感到不得不通过进攻来预先阻止德国和日本的重新武装。这将意味着世界大战的爆发"。

爱因斯坦在这里与教育学家、反军国主义人士弗里德里希·威廉·福斯特（Friedrich Wilhelm Foerster）的观点一致，他在1953年5月写给爱因斯坦的信中提到了"阿登纳的极其危险的计划"，即"以泛欧的名义来确保德国在欧洲的统治"。爱因斯坦在1950年就写信给他说："但是比起英国人在战后的表现，美国人做得并不比他们好，因为他们歇斯底里，又让野兽恢复了活力。"

大屠杀之后，爱因斯坦仍在全心全意地支持在巴勒斯坦为犹太人建立避难所这个想法。早在1945年，他就在一本记录了"第三帝国"在二战时的暴行和杀戮的黑皮书的序言中写道："从比例来看，犹太人的损失比其他任何一个民族都更为惨重……如果我们想要寻求一个真正公平的解决方案，那在和平协商时必须特别考虑犹太人……我们必须要求巴勒斯坦在经济能力范围内接收犹太移民。"1947年11月，联合国大会将国际联盟委托英国管理的巴勒斯坦托管地一分为二，一块分给了犹太人，另一块分给了阿拉伯人，这与他的设想完全不一致。当大卫·本-古里安（David Ben-Gurion）于1948年5月14日宣布以色列国成立时，立刻爆发了巴勒斯坦战争，双方均产生了75万名难民和流放者。爱因斯坦在1949年获得了耶路撒冷的希伯来大学的荣誉博士学位，他为学校的蓬勃发展感到高兴，同时坦言道："在这命运终于得以实现的最后时刻，唯一让我感到沮丧的是，外部的形势于我们不利，这迫使我们通过武力来争取我们的权利，这是摆脱彻底毁灭的唯一途径。"他一再反对这个新国家的民族主义倾向，这种倾向让他感到担忧。在1952年11月以色列第一任总统哈伊姆·魏茨曼去世后，爱因斯坦收到了请他去当接班人的邀请，当年他与魏茨曼一起进行了第一次美国之旅。据推测，这是一个策略，为的是让这个新的国家沾一沾爱因斯坦的名气。爱因斯坦非常重视这份荣誉，但他知道自己并不具备担任这一职务的基本素质，因此拒绝了这个邀请。甚至在他生命的最后几天，爱因斯坦还在医院全身心地为以色列独立宣言纪念日准备演讲，这是人们所期待的。他希望着重"批评分析西方国家对以色列和阿拉伯国家的态度"。然而，稿子在开头那页就中断了。

　　1955年4月18日，阿尔伯特·爱因斯坦在普林斯顿逝世。他没有遗言，也没有墓地。与哥廷根著名数学家卡尔·弗里德里希·高斯一样，他的大脑被做成了标本。高斯的大脑是完整保存的，而爱因斯坦的大脑被分成多份保存在美国，部分切片被放在其他几个国家。到目前为止，这些标本还没有为智力研究带来令人信服的科学发现。

第十一章 ————— 爱因斯坦的形象

　　在媒体中，特别是在广告中，爱因斯坦独特而多面的人物形象被简化成一个天才，他满头白发，经常发表一些富有智慧且幽默的评论。人们对他的印象还包括：他与原子弹有些关联，穿着随便，有时候会很调皮——他喜欢吐舌头。他就是一个另类的明星！但他究竟有什么特别之处呢？仅仅因为他在世界的物理认识发展方面做出了杰出的贡献吗？他的性格和举止就无独特之处吗？爱因斯坦的复杂个性不适合像木刻一样进行简单刻画。我们不能只是简化他的形象，这是因为——正如希望前面的章节和下面的例子可以展现的那样——他的个性富有层次。

　　理论物理学家和数学家经常被认为缺乏同情心，爱因斯坦也不例外。从他对前后两任妻子和孩子们一贯自私的表现和冷漠的态度来看，有人认为他有轻微的自闭症。但他是否也会变得非常情绪化，比如在和孩子们分别时，在好友逝世时，还有在一些情书中？这是肯定的，只是他通常把自己封闭起来，不去理会别人的感受。在日常生活中，他的要求简单，生活朴素，对艾尔莎给的零花钱也很满意，他住的是普通旅馆，或住在亲戚家。他既不佩戴勋章，也不收集奖牌。另外，他很喜欢照相，发放了许多自己的签名照片。他并不回避与媒体接触来宣传自己。爱因斯坦也有傲慢的一面，尤其是在他的领域，例如，在他还没获得博士学位的时候，他称著名物理学教授保罗·德鲁德（Paul Drude）是个"可悲的家伙"，德鲁德驳回了他在金属电子理论方面提出的反对意见，他还说："……我很快会发表一篇出色的论文来教训这个人。"不仅仅是傲慢，还体现了他不尊重人性的态度。一战时，一个年轻有为的同事自愿奔赴前线，爱因斯坦问他："您在外面的那个工作不可以让一个没什么想象力的普通人去做吗？这种人满大街都是，保存有价值的人难道不比外面这场大战更重要吗？"

爱因斯坦很慷慨，他愿意用自己的名字去做一些有意义的事。纽约叶史瓦大学的"阿尔伯特·爱因斯坦医学院"就是一个例子，在他74岁生日时他同意这个学院以他的名字命名。艾尔莎称他为"叫花子"（Schnorrer），用的是这个词里被人遗忘的褒义成分，它指的是那些不为自己而为别人去要钱的人；比如，他为教育美国民众了解核武器的危险而募集了100万美元的捐款。另外，他会接受一些贵重的礼物，而不忸怩作态。他愿意被那些富豪邀请去他们的豪宅，被他们围着献殷勤，但对他们的财富却不屑一顾。

物理学家爱因斯坦不得不花很多时间独自伏在案边钻研学问。他称自己是辆"单驾马车"。现在几乎没有人懂这个词的含义了，它指的是一匹独自拉车的马。它除了道出研究员的孤独之外，还恰当地表现了他内心的独立。如果其他人不接受他的目标，这种富有成效的独立可能会变成不妥协。他还在书桌前写下了他在政治场合的无数次呼吁和声明，他利用自己享誉世界的名声来实现他的道德目标。爱因斯坦的档案中包含了8万多份文件，这并非巧合。他无意承担物理学之外的其他职责，如公职和一些实践性的工作。他虽声名显赫，但也非常善于交际，无论是孩童、记者还是社会名流给他写信，如有必要，他都会回复，而且不失社交礼节，这些表现并不矛盾。爱因斯坦还不免给人这种印象，他十分享受人们对他的关注，在美国尤其如此，因为普林斯顿和其他地方的业界同行都对他很尊重，但不再关心他在学术上的作为。他不喜欢对他个人的过度崇拜，1955年他在给马克斯·冯·劳厄写信时解释道："因为一切与个人崇拜有关的东西都总是让我感到尴尬不已。"

爱因斯坦似乎比罗斯福、斯大林、希特勒和毛泽东更有名，而这些人对世界有过深刻的影响，这是为何？为什么与他同时代的其他理论物理学家，如普朗克、海森堡和薛定谔都没有像他那样受欢迎？海森堡在量子力学、核物理以及固体物理学方面的成就对物理学和日常生活的影响并不亚于爱因斯坦的贡献。有人指出，量子理论是多位科学家共同创立的，而广义相对论则是爱因斯坦一人的研究成果，这个说法不正确：因为时间和空间结合的想法是由赫尔曼·闵可夫斯基提出的，而马塞尔·格罗斯曼在这个理论的数学表述上发挥了重要作用。

若要回答上述问题，我们应该区分不同类型的（爱因斯坦）"观众"。他们中有一部分是普通大众，可以在任意一个售卖明信片的摊位上找到爱因斯坦的肖像。另一部分是自然科学家，他们今天在工作中很少需要阅读爱因斯坦的原文了。在这些人看来，爱因斯坦的成功源于他在物理学上的突破性发现以及他卓越的科学传播能力。对于普通大众来说，爱因斯坦的形象、他与女性的关系、他对原子弹的研发起到的所谓的作用以及大量被归功于他的人生哲理，这些都可能起到主导作用。大众对他的喜爱不亚于对玛丽莲·梦露（Marilyn Monroe）和查理·卓别林的追捧。

他这一生的发展历程也非常值得关注。青年时期的爱因斯坦在物理学领域举足轻重，他在30岁以前就发表了他这一生中最重要的论文，而他在广义相对论上又花了7年时间。而在公众眼里，老年爱因斯坦的形象则起着主导作用，他穿着宽松的毛衣，顶着蓬乱的银发，为人类利益发表了许多声明。反观爱因斯坦在年轻人中的受欢迎程度更近似于他们对切·R.格瓦拉（Ernesto R. Guevara）的喜爱；而受过教育的老年人同时也会关注西格蒙德·弗洛伊德和卡尔·马克思。爱因斯坦的女婿凯泽认为，他之所以成名是因为他的个性、科学成就和他的人格光辉；也许与他对一些物理学发现作出的通俗解释相比，给人们留下更多印象的还是他的面容。

　　爱因斯坦的诸多才能和他的魅力使他成为许多人心中的偶像。他还自嘲说，他被犹太人和基督徒都当成了"圣人"。这本书里讲述的他的生平故事早已变成了神话。在他逝世60年后，"爱因斯坦"已经是一个文化符号，他的名字已经是一个商标。人们已经开始并且还会继续利用他的肖像和名字赚取大笔钱财。对爱因斯坦的营销，只有媒体的发展才能使其达到这种程度，这意味着他的名字和形象越来越有名，但他的个性似乎越来越苍白和俗套。我们绝不能只依靠那些市面上贩卖的"爱因斯坦贴纸"来主宰对这位20世纪最与众不同、最伟大的科学家的回忆！

后　记

爱因斯坦在乌尔姆的故居在1944年12月的一次空袭中被摧毁。当他在1945年收到一张被摧毁的建筑物照片时，他显得并不在意，冷静地回复说："时间对它比对我还要苛刻得多。"自1982年以来，马克斯·比尔设计的大理石纪念碑就一直矗立在这栋被毁房屋的原址上。12块立着的石块象征着白天，12块平放的石块代表着夜晚。

致　谢

　　感谢我的孩子们——在汉诺威的尤利娅·温克勒（Julia Winkler）和在德累斯顿的洛伦兹·根纳（Lorenz Goenner），还有来自 F. 的 G.K. 女士，感谢他们对手稿的部分内容做了有益的审读。感谢我在哥廷根的同事赫尔穆特·里赫（Helmut Reeh）先生向我提供关于 V. 巴格曼的宝贵资料。感谢 C.H. 贝克出版社的博尔曼博士（Dr. Bollmann）对我的支持和对本书提出的修改意见。

参考书目

CPAE. *Collected Papers of Albert Einstein.* Bünde I (1987) bis 13 (2013).《爱因斯坦全集》(第一至第十三卷) Princeton: University Press.http://einsteinpapers.press.princeton.edu.

Denis Brian. *Einstein. A Life.*《爱因斯坦全传》New York: John Wiley & Sons, Inc, 1996.

Peter A. Bucky. *Der private Albert Einstein.*《走近爱因斯坦》Düsseldorf: Econ Verlag 1990.

Ronald W. Clark. *Albert Einstein. Leben und Werk.*《爱因斯坦传》Sonderausgabe Herbig. München: Herbig Verlagsbuchhandlung 1974.

Helen Dukas and Banesh Hoffman. *Albert Einstein. The Human Side.*《爱因斯坦谈人生》Princeton: University Press 1979.

Bertrand Duplantier. «Brownian Motion, diverse and undulating»《布朗运动的多样性和起伏性》载于 *Poincaré Seminar 2005-Einstein, 1905–2005.* T. Damour, O.Darrigol, B. Duplantier, V. Rivasseau, eds. Basel, Boston, Berlin: Birkhäuser 2006.

Albert Einstein/Mileva Marić. *«Am Sonntag küss' ich Dich mündlich». Die Liebesbriefe 1897–1903.*《阿尔伯特·爱因斯坦和米列娃·马里奇情书集》Hrsg. J. Renn und R. Schulmann.

München/ Zürich: Piper 1994.

Albert Einstein. *Lettres à Maurice Solovine.*《给莫里斯·索洛文的信》Paris: Gauthier-Villars 1956.

Albert Einstein, Michele Besso. *Correspondance 1903–1955.*《爱因斯坦—贝索书信集（1903—1955）》Hrsg. Pierre Speziali. Paris: Hermann 1972.

Albert Einstein. *Aus meinen späteren Jahren.*《爱因斯坦晚年文集》Stuttgart: Deutsche Verlagsanstalt 1951. Erweiterte Ausgabe 1979.

Albert Einstein. *Mein Weltbild.*《我的世界观》Ullstein Materialien Nr. 35023, Nachdruck. Frankfurt: Verlag Ullstein 1984.

Albert Einstein, Hedwig und Max Born. *Briefwechsel: 1916–1955.*《玻恩—爱因斯坦书信集（1916—1955）》/ kommentiert von Max Born; Geleitwort von Bertrand Russell; Vorwort von Werner Heisenberg. Frankfurt am Main: Edition Erbrich 1982.

Lewis S. Feuer. *Einstein and the Generations of Science.*《爱因斯坦与科学的世代》New York: Basic Books Inc. 1974.

Albrecht Fölsing. *Albert Einstein. Eine Biographie.*《爱因斯坦传》Frankfurt am Main: Suhrkarnp 1993.

Hubert Goenner. *Einstein in Berlin.*《爱因斯坦在柏林》München; C.H.Beck 2005.

Hubert Goenner. «On the History of Unified Field Theories

II. »《有关统一场论的历史（第二部）》Living Reviews in Relativity 17, 5 (2014). http://www.livingreviews.0rg/lrr-2014-5.

Siegfried Grundmann. *Einsteins Akte*.《爱因斯坦档案》Berlin/Heidelberg: Springer-Verlag 1998.

Ann M.Hentschel, Gert Graßhoff. *Albert Einstein-«Jene glücklichen Berner Jahre»*.《阿尔伯特·爱因斯坦——在伯尔尼的幸福岁月》Bern: Stämpfli Verlag 2005.

Friedrich Herneck. *Einstein privat. Herta W. erinnert sich an die Jahre 1927 bis 1933*.《走近爱因斯坦：赫塔 W.的回忆（1927—1933）》Berlin: Buchverlag Der Morgen 1978.

Armin Herrmann. *Einstein. Der Weltweise und sein Jahrhundert. Eine Biographie*.《爱因斯坦传：世间智者和他的百年》München: Piper 1994. Taschenbuchausgabe 1996.

Nicolaus Hettler. *Die elektrotechnische Firma J. Einstein & Cie. in München 1876-1894*.《慕尼黑的电气技术公司 J. Einstein & Cie（1876—1894）》Dissertation Universität Stuttgart 1996, Version 2.0.

Dieter Hoffmann. *Einsteins Berlin*.《爱因斯坦在柏林》Weinheim: Wiley-VCH Verlag 2006.

Pascal Max. *Friedrich Wilhelm Foerster und Albert Einstein. Briefwechsel von 1935 bis 1954*.《弗里德里希·威廉·福斯特与阿尔伯特·爱因斯坦的通信集（1935—1954）》Stuttgart: ibidem-

Verlag 2001.

Otto Nathan und Heinz Norden. *Albert Einstein: Über den Frieden.* 《爱因斯坦论和平》Bern: Herbert Lang & Cie 1975.

Hans C. Ohanian. *Einstein's mistakes. The human failings of genius.* 《爱因斯坦的错误：天才的人性弱点》New York/London; W. W. Norton & Co. 2008.

Abraham Pais. ‹*Subtle is the Lord-...*› *The Science and the Life of Albert Einstein.* 《"上帝难以捉摸……"：爱因斯坦的科学与生活》Oxford: University Press 1982.

Abraham Pais. *Ich vertraue auf Intuition. Der andere Albert Einstein.* 《我相信直觉：爱因斯坦的另一面》Heidelberg: Spektrum Akademischer Verlag 1995.

Michael Rahnfeld. «Einstein als Torpedotechniker». 《爱因斯坦———个鱼雷工程师》载于 *Technikgeschichte* 69, Heft 2, 95-112, 2002.

David Reichinstein, *Albert Einstein.* 《阿尔伯特·爱因斯坦》Prag: Stella Publishing House; London: Edward Goldston Ltd. 1934. Deutsche Erstausgabe 1932.

Anton Reiser. *Albert Einstein. A Biographical Portrait.* 《阿尔伯特·爱因斯坦传》New York: Albert & Charles Boni 1930.

Jürgen Renn. Hrsg. *Albert Einstein. Ingenieur des Universums. Hundert Autoren für Einstein.* 《爱因斯坦：宇宙的

工程师。一百位爱因斯坦的赞成者》Weinheim: Wiley-VCH
Verlag 2005.

David Rowe and Robert Schulmann. Hrsg. *Einstein on
Politics.*《爱因斯坦论政治》Princeton: University Press 2007.

Robert Schulmann. Hrsg. *Seelenverwandte. Der Briefwechsel
zwischen Albert Einstein und Heinrich Zangger 1910−1947.*《心
灵之友：爱因斯坦与海因里希·赞格尔的书信集（1919—
1947）》Zürich: Verlag Neue Züricher Zeitung 2012.

Paul Artur Schilpp. Hrsg. *Albert Einstein als Philosoph und
Naturforscher.*《爱因斯坦：哲学家—科学家》Unveränderter
Nachdruck. Braunschweig, Wiesbaden: Vieweg 1979.

Carl Seelig. *Albert Einstein. Eine dokumentarische Biographie.*
《阿尔伯特·爱因斯坦传》Zürich: Europa Verlag 1954.

Carl Seelig. *Albert Einstein. Leben und Werk eines Genies
unserer Zeit.*《爱因斯坦：当代天才的生活与工作》Zürich:
Europa Verlag 1960.

Carl Seelig. Hrsg. *Helle Zeit-Dunkle Zeit. In memoriam Albert
Einstein.*《光明时代与黑暗岁月：纪念爱因斯坦》Zürich: Europa
Verlag 1956, Neuausgabe 1986，Braunschweig/Wiesbaden:
Vieweg Verlag.

John Stachel. *Einstein from ‹B› to ‹Z›.*《爱因斯坦从"B"到
"Z"》Einstein Studies, vol. 9. Boston/Basel/ Berlin: Birkhäuser

2002.

Kenji Sugimoto. *Abert Einstein. Die kommentierte Bilddoku-mentation.*《阿尔伯特·爱因斯坦的图片资料评论》München: Moos & Partner 1987.

Michele Zackheim. *Einsteins Tochter.*《爱因斯坦的女儿》München: List Verlag 1999.

人名对照表

Boltzmann, Ludwig　路德维希·玻尔兹曼（1844—1906）

Born, Hedwig　黑德维希·玻恩（1891—1972）

Born, Max　马克斯·玻恩（1882—1970）

Brandeis, Louis　路易斯·布兰代斯（1856—1941）

Brandhuber, Camillo　卡米略·布兰德胡贝尔（1860—1931）

Broch, Hermann　赫尔曼·布洛赫（1886—1951）

Brod, Max　马克斯·布罗德（1884—1968）

Brown, Robert　罗伯特·布朗（1773—1858）

Buller, Arthur H.　阿瑟·H.布勒（1874—1944）

Cartan, Élie　埃利·嘉当（1869—1951）

Casadesus, Gaby　盖比·卡萨德斯（1901—1999）

Chaplin, Charlie　查理·卓别林（1889—1977）

Courant, Richard　理夏德·库朗（1888—1972）

Curie, Marie　玛丽·居里（1867—1934）

De Sitter, Willem　威廉·德西特（1872—1934）

Delbrück, Hans　汉斯·德尔布吕克（1848—1929）

Dirac, Paul M. A.　保罗·M. A.狄拉克（1902—1984）

Du Bois, W. E. B.　W. E. B.杜波依斯（1868—1963）

Duhem, Pierre　皮埃尔·迪昂（1861—1916）

Dukas, Helene　海伦·杜卡斯（1896—1982）

姓科赫，1858—1920）

Einstein, Robert 罗伯特·爱因斯坦（1884—1945）

Einstein, Rudolf 鲁道夫·爱因斯坦（1843—1926）

Einstein, Ursula 乌苏拉·爱因斯坦

Elisabeth, Königin von Belgien 伊丽莎白（比利时王后，1876—1965）

Enderis, Guido 圭多·恩德里斯（1872—1945）

Fanta, Berta 贝尔塔·范塔（1866—1918）

Fanta, Otto 奥托·范塔（1890—1940）

Fantova, Johanna 约翰娜·范托娃（1901—1981）

Fermi, Enrico 恩里科·费米（1901—1954）

Finlay-Freundlich, Erwin 埃尔温·芬莱–弗罗因德利希（1885—1964）

Fleming, Arthur H. 亚瑟·H.弗莱明（1856—1940）

Flexner, Abraham 亚伯拉罕·弗莱克斯纳（1866—1959）

Flügge, Siegfried 西格弗里德·弗吕格（1912—1997）

Foerster, Friedrich Wilhelm 弗里德里希·威廉·福斯特（1869—1966）

Franck, James 詹姆斯·弗兰克（1882—1964）

Frank, Philipp 菲利浦·弗兰克（1884—1966）

Frauenglass, William 威廉·弗劳恩格拉斯（1905—1998）

Freud, Sigmund　西格蒙德·弗洛伊德（1856—1939）

Friedmann, Alexander　亚历山大·弗里德曼（1888—1925）

Gauss, Carl Friedrich　卡尔·弗里德里希·高斯（1777—1855）

Gehrcke, Ernst　恩斯特·格尔克（1878—1960）

Gibbs, Josiah W.　约西亚·W.吉布斯（1839—1903）

Gödel, Kurt　库尔特·哥德尔（1906—1978）

Goertz, Jürgen　尤尔根·戈尔茨（1939—　）

Goldstein, Rabbi Israel　伊斯拉埃尔·戈德斯坦牧师（1896—1986）

Grossmann, Marcel　马塞尔·格罗斯曼（1878—1936）

Gruner, Paul　保罗·格鲁内（1869—1957）

Guevara, Ernesto R.　切·R.格瓦拉（1928—1967）

Haber, Fritz　弗里茨·哈伯（1868—1934）

Habicht, Conrad　康拉德·哈比希特（1876—1958）

Habicht, Paul　保罗·哈比希特（1884—1948）

Hahn, Otto　奥托·哈恩（1879—1968）

Haller, Friedrich　弗里德里希·哈勒

Hansi (eigentl. Jean-Jacques Waltz)　汉希（原名让–雅克·瓦尔兹，1873—1951）

Hasenöhrl, Friedrich　弗里德里希·哈泽内尔（1874—1915）

Hauptmann, Gerhart　格哈特·豪普特曼（1862—1946）

Heisenberg, Werner　维尔纳·海森堡（1901—1976）

Hertz, Heinrich　海因里希·赫兹（1857—1894）

Herzl, Theodor　特奥多尔·赫茨尔（1860—1904）

Heuss, Theodor　特奥多尔·豪斯（1884—1963）

Hilbert, David　大卫·希尔伯特（1862—1943）

Hilferding, Rudolf　鲁道夫·希法亭（1877—1941）

Hindemith, Paul　保罗·欣德米特（1895—1963）

Hitler, Adolf　阿道夫·希特勒（1889—1945）

Hoffmann, Banesh　班纳什·霍夫曼（1906—1986）

Hopf, Ludwig　路德维希·霍普夫（1884—1939）

Hubble, Edwin　埃德温·哈勃（1889—1953）

Hurwitz, Adolf　阿道夫·胡尔维茨（1859—1919）

Immerwahr, Clara　克拉拉·伊梅瓦尔（1870—1915）

Infeld, Leopold　利奥波德·因费尔德（1898—1968）

Ishikawa, Jun　石原纯（1881—1947）

Itelson, Gregorij　格雷戈里·伊泰尔松（1852—1927）（又名格雷戈里耶·伊泰尔松）

Jerusalem, Else　艾尔瑟·耶路撒冷（1877—1942）

Joffe, Abraham Fedorovich 亚伯拉罕·费多罗维奇·约飞（1880—1960）

Jordan, Pascual 帕斯库尔·约尔当（1902—1980）

Juliusburger, Otto 奥托·尤利乌斯伯格（1867—1952）

Kafka, Franz 弗朗茨·卡夫卡（1883—1924）

Katzenellenbogen, Estella 艾斯黛拉·卡岑艾伦伯根（1886—1991）

Katzenstein, Moritz 莫里茨·卡赞斯坦（1872—1932）

Kayser, Rudolf 鲁道夫·凯泽（1889—1964）

Kessler, Harry Graf 哈里·凯斯勒伯爵（1868—1937）

Kleiner, Alfred 阿尔弗雷德·克莱纳（1849—1916）

Knecht, Frieda 弗里达·克内希特（1895—1958）

Koch, Caesar 恺撒·科赫（1854—1941）

Koch, Jakob 雅各布·科赫（1850—1925）

Kollwitz, Käthe 凯特·珂勒惠支（1867—1945）

Konenkov, Sergei 谢尔盖·科伦科夫（1874—1971）

Konenkova, Margarita 玛格丽特·科伦科夫娃（1896—1980）

Kowalewski, Gerhard 格哈德·科瓦列夫斯基（1876—1950）

Kreisler, Fritz 弗里茨·克莱斯勒（1875—1963）

Krüss, Hugo 胡戈·克吕斯（1879—1945）

Kuwaki, Ayao　桑木彧雄（1878—1945）

Ladenburg, Rudolf　鲁道夫·拉登堡（1882—1952）

Laemmle, Carl　卡尔·莱姆勒（1867　1939）

Landau, Leopold　利奥波德·兰道（1848—1920）

Langevin, Paul　保罗·朗之万（1872—1946）

Laue, Max von　马克斯·冯·劳厄（1879—1960）

Lebach, Margarete　玛格丽特·莱巴赫（1885—1938）

Leipart, Theodor　特奥多尔·莱巴特（1867—1947）

Lenard, Philipp　菲利浦·莱纳德（1862—1947）

Liebermann, Max　马克斯·利伯曼（1847—1935）

Litwinow Maxim M.　马克西姆·M.利特维诺夫（1876—1951）

Lorentz, Hendrik A.　亨德里克·A.洛伦兹（1853—1928）

Löwenthal-Einstein, Ilse　伊尔泽·勒文塔尔－爱因斯坦（1897—1934）

Löwenthal-Einstein, Margot　玛戈特·勒文塔尔－爱因斯坦（1899—1986）

Mach, Ernst　恩斯特·马赫（1838—1916）

Magnes, Judah Leon　尤达·列昂·马戈尼斯（1877—1948）

Mann, Heinrich　亨利希·曼（1871—1950）

Niggli, Julia　尤利娅·尼格利（1873—1959）

Nobel, Alfred　阿尔弗雷德·诺贝尔（1833—1896）

Norden, Heinz　海因茨·诺登（1905—1978）

Oberlaender, Gustav　古斯塔夫·奥博兰德（1867—1936）

Oppenheimer, J. Robert　J.罗伯特·奥本海默（1904—1967）

Ossietzky, Carl von　卡尔·冯·奥西茨基（1889—1938）

Ostwald, Wilhelm　威廉·奥斯特瓦尔德（1853—1932）

Painlevé, Paul　保罗·潘勒韦（1863—1933）

Pauling, Linus　莱纳斯·鲍林（1901—1994）

Pechstein, Max　马克斯·佩希斯坦（1881—1955）

Perrin, Jean　让·佩兰（1870—1942）

Planck, Max　马克斯·普朗克（1858—1947）

Plesch, Janos　雅诺什·普雷施（1878—1957）

Podolski, Boris　鲍里斯·波多尔斯基（1896—1966）

Poincaré, Henri　昂利·庞加莱（1854—1912）

Ponsonby, Arthur (Lord)　亚瑟·庞森比爵士（1871—1946）

Rainer, Luise　路易丝·赖纳（1910—2014）

Rathenau, Walther　瓦尔特·拉特瑙（1867—1922）

Reich, Wilhelm　威廉·赖希（1897—1957）

Stalin, Josef　约瑟夫·斯大林（1878—1953）

Stark, Johannes　约翰内斯·施塔克（1874—1957）

Straßmann, Fritz　弗里茨·施特拉斯曼（1902—1980）

Straus, Ernst　恩斯特·施特劳斯（1922—1983）

Struck, Hermann　赫尔曼·施特鲁克（1876—1944）

Sutherland, William　威廉·萨瑟兰（1859—1911）

Szilard, Leo　利奥·西拉德（1898—1964）

Tagore, Rabindranath　拉宾德拉纳特·泰戈尔（1861—1941）

Tanner, Hans　汉斯·坦纳（1886—1961）

Thälmann, Ernst　恩斯特·台尔曼（1886—1944）

Toscanini, Arturo　阿尔图罗·托斯卡尼尼（1867—1957）

Trotzki, Leo　列夫·托洛茨基（1879—1940）

Truman, Harry S.　哈里·S.杜鲁门（1884—1972）

Urey, Harold C.　哈罗德·C.尤里（1893—1981）

Veblen, Oswald　奥斯瓦尔德·维布伦（1880—1960）

Wachsmann, Konrad　康拉德·瓦克斯曼（1901—1980）

Warburg, Emil　埃米尔·瓦尔堡（1846—1931）

Weber, Heinrich F.　海因里希·F.韦伯（1843—1912）

Weizmann, Chaim　哈伊姆·魏茨曼（1874—1952）

Weizsäcker, Carl Friedrich von　卡尔·弗里德里希·冯·魏茨泽克（1912—2007）

Wels, Otto　奥托·韦尔斯（1873—1939）

Weltsch, Felix　菲利克斯·韦尔什（1884—1964）

Wertheimer, Max　马克斯·韦特海默（1880—1943）

Weyl, Hermann　赫尔曼·外尔（1885—1955）

Weyland, Paul　保罗·魏兰德（1888—1972）

Wigner, Eugen　尤金·维格纳（1902—1995）

Winteler, Anna　安娜·温特勒（1872—1944）

Winteler, Jost　约斯特·温特勒（1846—1929）

Winteler, Marie　玛丽·温特勒（1877—1957）

Winteler, Paul　保罗·温特勒（1882—1952）

Zangger, Heinrich　海因里希·赞格尔（1874—1957）